Hartmut Wedekind (Hrsg.)
Renate Mai

Öffnung des Unterrichts
in der Grundschule

Ja - aber wie?

Heft 6

Erste Erfahrungsberichte, Erlebnisse und weitere Überlegungen
sowie ein Vorschlag für Projektarbeit in Klasse 1

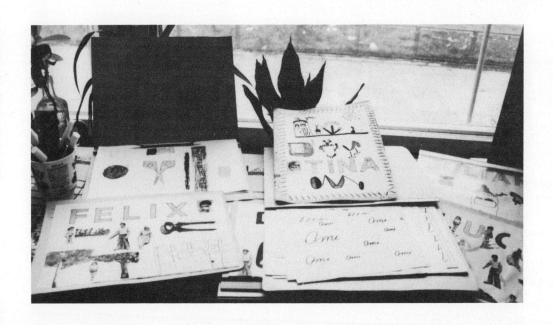

V
W
V
Volk und Wissen Verlag GmbH
Berlin

Über ihre Erfahrungen mit der Öffnung des Unterrichts
berichten Anne Kohl, Ingrid Zens, Hella Achtenhagen, Monika
Griese, Silke Bartnicki, Brigitte Böhme, Waltraud Wichmann,
Andrea Schwolow.
Den Vorschlag zur Projektarbeit unterbreitet Renate Mai.
Ausgewählt, zusammengestellt, bearbeitet und kommentiert
wurden die Beiträge von Hartmut Wedekind.

Redaktion: Erika Richter

Wedekind, Hartmut (Hrsg.):
Öffnung des Unterrichts in der Grundschule: Ja -
aber wie? / Hartmut Wedekind(Hrsg.). - Berlin:
Volk und Wissen
H. 6. Erste Erfahrungsberichte, Erlebnisse und weitere
      Überlegungen sowie ein Vorschlag für Projektarbeit
      in Klasse 1. - 1. Aufl. - 1991. -   64 S.

ISBN 3-06-09 20 99-0
1. Auflage
© Volk und Wissen Verlag GmbH, Berlin 1991
Printed in Germany
Fotos: Sven Olivier
Einband und typographische Gestaltung: Konrad Golz, Dagny Scheidt
LSV 0645

Inhalt

1. Ein Wort an unsere Leser

Liebe Leserin, lieber Leser,
in diesem Heft wollen wir, wie bereits in Heft 1 der Reihe "Öffnung des Unterrichts in der Grundschule. Ja - aber wie?" angekündigt, die ersten Erfahrungen darlegen, die in unserer Projektgruppe mit offenen Lernphasen gesammelt werden konnten. Selbstverständlich ist uns heute eine tiefgründige wissenschaftliche Analyse noch nicht möglich. Deshalb beschränken wir uns vorerst darauf, Gefühle und Veränderungen, die wir erfahren und erlebt haben, mitzuteilen und zu beschreiben. In der kurzen Zeit unseres gemeinsamen Arbeitens in der Gruppe und in unseren Klassen hat sich bereits Erstaunliches ergeben. In Vorbereitung

auf die Arbeit mit offenen Lernformen kam es zu verschiedenen Veränderungen in uns selbst und auch in unseren Beziehungen zu anderen, vor allem zu den Kindern.

Jedem von uns wurde deutlich, daß offener Unterricht sich nicht nur in verändertem didaktisch-methodischen Vorgehen erschöpft, sondern die ganze Persönlichkeit des Lehrers fordert und fördert. Offener Unterricht braucht zur Offenheit bereite LehrerInnen und individuelle Freiräume für die eigene Suche nach Neuem. Offener Unterricht erfordert auch den Mut und den Willen zur Offenheit gegenüber den Kindern und Eltern, den Mut und Willen zum Ausprobieren und den Mut und Willen zur Überwindung alter - wenn auch vielleicht liebgewonnener - Gewohnheiten. Offener Unterricht zwingt zum Nachdenken über den eigenen Wert. Er fördert die Suche

nach Selbstverständnis und Identität. Offener Unterricht macht offen für Sorgen, Wünsche und Bedürfnisse der Kinder und ihrer Eltern. Nach unseren Erfahrungen führt offener Unterricht nicht zu Chaos in der Klasse, zu sinkender Lernmotivation der Kinder oder zum Autoritätsverlust des Lehrers. Im Gegenteil, die Kinder lernen gern, beschäftigen sich gern mit selbstgewählten Aufgaben, und die Autorität der Lehrerin/des Lehrers erfährt eine Umbewertung.

Mit den vorliegenden Berichten, Beispielen und Beschreibungen wollen wir versuchen, dies deutlich zu machen. Wenn auch die recht positive Wertung in allen Beiträgen überwiegt, so ist das Ausdruck einer zur Zeit zutiefst empfundenen Freude und Begeisterung über die neue Arbeit in unseren Klassen. Natürlich gibt es viele offene Fragen, auf die wir im Verlaufe unserer Arbeit Antwort finden wollen, gibt es Probleme, die einer Lösung bedürfen (vgl. auch Heft 4).

Nach gut einem Monat Arbeit mit neuem pädagogischen Anspruch und neuen Formen führte unsere Projektgruppe im Oktober 1990 die erste gemeinsame Auswertung durch. "Die Seele auf den Tisch - erste

Erfahrungen, Probleme und Sorgen", unter dieser Thematik trafen
wir uns in einem Gesprächskreis zu einem anregenden Gedankenaustausch. Um keinen wichtigen Gedanken zu verlieren, ließen wir ein
Tonband laufen. Diesem Tonbandprotokoll sind die nachfolgenden
Auszüge entnommen.

8 Lehrerin-
nen öffnen
ihren Un-
terricht,
8 unter-
schiedli-
che Hand-
schriften,
8 unter-
schiedli-
che Vorge-
henswei-
sen werden
sichtbar,
die alle dem in der Gruppe gemeinsam festgelegten Ziel dienen -
einen am Kind orientierten Unterricht zu gestalten, der jedem Kind
die Möglichkeit bietet, selbstbestimmt zu lernen und dabei in der
Lehrerin einen Partner zu finden, der ihm hilft. Mit der Auswahl
soll die Vielfalt der Fragen, Schwerpunktsetzungen und Vorgehens-
weisen verdeutlicht werden.
Im 2. Teil des Heftes stellen die Lehrerinnen ihre eigenen Posi-
tionen zur Öffnung des Unterrichts themenbezogen etwas ausführli-
cher dar.
Mit der Veröffentlichung dieser Erfahrungsberichte wollen wir denen Anregungen geben, die auch ihren Unterricht öffnen wollen,
wir wollen Mut machen, einen ersten Schritt zu gehen.

Wir würden uns freuen, aus der Praxis zahlreiche Meinungen zu unseren Darlegungen zu hören. Bitte schreiben Sie uns, welche Erfahrungen Sie bei der Öffnung Ihres Unterrichts gesammelt haben, auf welche Fragen und Probleme Sie gestoßen sind oder auch darüber, was Sie davon abhält, Ihren Unterricht zu öffnen, welche Bedenken Sie haben.

Hartmut Wedekind
Leiter der Projektgruppe
"Selbstbestimmtes Lernen durch Öffnung des Unterrichts in der Grundschule"

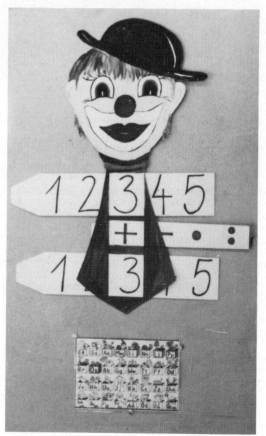

2. Auszüge aus einem Tonbandprotokoll einer Diskussion über offenen Unterricht (Oktober 1990)

Frau K.:

"Ich hatte noch nie einen so schönen Schulanfang wie in diesem Jahr. Ich gehe gern in die Schule und freue mich jeden Tag darauf. Das geht den Kindern genauso, jedenfalls habe ich den Eindruck. Gegenwärtig bevorzuge ich noch eine Kombination zwischen Frontalunterricht und schon teilweise Stunden mit offenem Unterricht. Damit fahre ich, glaube ich, gut. Besonders gefallen mir die Förderstunden, die wir an unserer Schule zweimal in der Woche durchführen. In diesen Stunden arbeiten die Horterzieherin und ich gemeinsam. Auch einzelne Muttis und Vatis kommen zu diesen Stunden in den Unterricht. Damit ist die Möglichkeit einer guten Organisation der Arbeit mit einzelnen Kindern gegeben. Ich habe es auch schon geschafft, in Einzelstunden allein Unterrichtsphasen zu öffnen. Dabei gab es auch schon Stunden, die zwar den Kindern Spaß bereitet haben, aber bei denen ich sehr unsicher war, ob ich nicht mit einer anderen Art und Weise des Unterrichtens mehr erreicht hätte. Darüber muß ich noch weiter nachdenken ...

Was ich gegenwärtig besonders angenehm empfinde, ist, daß wir es geschafft haben, uns Briefe zu schreiben. Jeden Morgen werden Briefe ausgetauscht, die die Kinder zu Hause geschrieben haben. Auch ich sitze jeden Abend und schreibe drei bis sechs Briefe an einzelne Kinder. Es ist auch für mich eine neue Art und Wei-

Verändertes Rollenverständnis

Kleine Schritte zum offenen Unterricht

Förderstunden - eine gute Organisationsform der gemeinsamen Arbeit

Bei Unsicherheiten über die Effektivität des Unterrichts fragen: Was sollen die Kinder lernen?

Briefe schreiben befördert ein gutes soziales Klima in der Klasse

se, mit den Kindern umzugehen. Es ist phantastisch."

Fräulein K.:

"Was ich wichtig finde, ist der Morgenkreis. Wir führen ihn jeden Tag so ca. 15 Minuten durch. Wenn die Kinder morgens in die Klasse kommen, bereiten sie ihren Platz vor; dann nimmt jeder individuell sein Stühlchen und kommt mit ihm nach vorn an die Tafel. Und so fangen wir an. Es wird ausgewertet, was sich im Korb vom Rotkäppchen befindet. Die Kinder tauschen selbstgeschriebene Briefe aus, einzelne bringen Bücher mit kleinen Geschichten mit und zeigen, welche Buchstaben bzw. Wörter sie schon in dem Text lesen können. Danach beraten wir, was am jeweiligen Tag von uns zu arbeiten ist. Dazu wird mit Hilfe von Symbolen ein Tagesplan an der Tafel erarbeitet. Dieser Tagesplan wird im Unterrichtsverlauf von den Kindern abgehakt, und die entsprechenden Symbole werden von der Tafel genommen. Für uns ist der Morgenkreis eine wichtige Angelegenheit. Ich möchte mit meinen Kindern darauf nicht mehr verzichten, da er dazu da ist, daß die Kinder sich erst einmal in den Tagesablauf einfinden und ihre Probleme und Fragen loswerden können. Und dann sind sie auch bereit zu sagen: 'So - jetzt gehen wir an den Platz und jetzt wollen wir lernen...'

Für die offenen Lernphasen bereite ich Pflicht- und Wahlaufgaben für meine Kinder vor. Den Kindern bleibt es über-

Der Morgenkreis führt die Kinder in den Tag und macht sie bereit zum Lernen

Symbole im Tagesplan erleichtern den Kindern die Orientierung

Wahl- und Pflichtaufgaben für offene Lernphasen

10

lassen, mit welchen Aufgaben sie beginnen. Die Pflichtaufgaben müssen alle schaffen. Ich habe die Erfahrung gemacht, daß die meisten Kinder ihre Arbeit so planen, daß sie neben den Pflichtaufgaben auch noch die Wahlaufgaben schaffen. Die abgearbeiteten Aufgaben heften die Kinder, nachdem ich sie gesehen habe, in ihren privaten Hefter bzw. in ihre Fibel."

Die eigene Fibel - Ausdruck eigener Arbeit

Frau Z.:

"Der Anfang war sehr aufregend und aufgrund der räumlichen Bedingungen in unserer Schule auch recht problematisch. Ich habe viel gebastelt für die Klasse und versuche natürlich, jetzt das Gebastelte in einzelnen Stundenteilen einzusetzen. Ich nähere mich den Formen offenen Unterrichts vor allem und gegenwärtig über das spielende Lernen. Dazu nutze ich an der Tafel die Fibelfiguren und setze das Rotkäppchen in vielen Phasen, vor allem auch im Morgenkreis, ein. Ich nutze dabei die Rotkäppchenfigur allerdings anders als Fräulein K. Was in das Körbchen des Rotkäppchens kommt, lege ich selbst hinein. Es ist das, was ich mitbringe, und das Neue, was uns von heute an erwarten wird, neue Buchstaben, neue Wörter, neue Spiele oder auch Briefe und andere kleine Dinge. Auch ich führe jeden Morgen den Morgenkreis durch. Er bietet vielfältige Möglichkeiten, sich über Erlebnisse auszutauschen, über wichtige Dinge des Vortages oder des Wochenendes, über das Wetter und anderes mehr. Außerdem versuche

Mit Hilfe von spielerischen Elementen vom frontalen zum offenen Unterricht

Der Morgenkreis als Lernkreis

ich schon im Morgenkreis, solche Übungen einzusetzen, die man früher frontal gemacht hat, wie z. B. das Heraushören von Anlauten, von Auslauten und von Lauten im Wortinneren. Ich finde, das ist eine aufgelockertere Form als das Abfragen im Klassenverband ...

Als wohltuend empfinde ich auch den Abschlußkreis. Zehn Minuten vor Ende der letzten Stunde setzen wir uns noch einmal zusammen und sprechen darüber, was wir gelernt haben, was uns dabei besonders gefallen hat und was weniger schön war. Damit wird den Kindern noch einmal bewußtgemacht, was sie heute Neues gelernt haben. Was mir noch nicht so richtig gelungen ist, ist der Einsatz von Wahlaufgaben, also den Kindern freizustellen, was sie machen möchten und womit sie sich beschäftigen möchten. Die Kinder warten zu sehr darauf, daß ich ihnen sage, was sie tun sollen. Auch in der 4. Stunde, die wir in unserer Schule gemeinsam mit der Horterzieherin gestalten, stehe ich vor diesem Problem. Die Kinder arbeiten zum größten Teil gemeinsam an gleichen Aufgaben. Diese werden natürlich in unterschiedlicher Qualität und Quantität erledigt."

> Besinnung auf den Tag
> ein Abschlußkreis

> Die Kinder müssen erst lernen, auszuwählen und selbst Entscheidungen zu treffen

Fräulein A.:

"Wenn ich die Ausführungen der Kolleginnen höre, so muß ich hier sagen, daß ich gegenwärtig ein paar Probleme mehr bei der Gestaltung des Unterrichts habe. Vielleicht liegt es daran, daß ich zum ersten Mal eine erste Klasse übernommen habe und daß ich die einzige Lehrerin

meiner Schule bin, die ihren Unterricht
öffnen will. Ein Problem ist für mich
zum Beispiel die Interpretation des
Lehrplanes. Ich habe ein wenig Angst
davor, daß ich mich mit der Zeit ver-
rechne, dadurch hinterherhänge und mit
meinen Kindern dann möglicherweise am
Ende des Schuljahres die Lehrplanziele
nicht in allen Punkten erreicht habe.
Auch bin ich nicht immer sicher, ob ich
die offenen Unterrichtsstunden schon
effektiv genug gestalte. Woran kann man
die Effektivität von offenen Unterrichtsstunden überhaupt messen? Mit Sicher-
heit nicht allein an der Freude der
Kinder, denn dann würde ich schon zu-
frieden sein können.

In den Förderstunden arbeite ich mit der
Horterzieherin gemeinsam. Diese Arbeit
sieht so aus, daß ich die größere Zahl
der Kinder mit konkreten Übungsaufgaben
beschäftige und sich die Hortnerin einzelnen Schülern mit speziellen Aufgaben
zuwendet.

Ich führe auch einen Morgenkreis durch.
Die Kinder haben eingeschätzt, daß dieser sehr schön ist und daß es Spaß
macht, im Morgenkreis sagen zu können,
was man zu Hause erlebt und eventuell
auch geübt hat. Den Abschlußkreis gestalten wir auch an unserer Schule gemeinsam mit der Hortnerin, so daß sie gleich
weiß, was am Vormittag alles passiert
ist und was gelernt wurde."

Frau G :

"Mein Problem ist die Anfertigung be-
stimmter Unterrichtsmittel. Ich weiß

Marginalia:

Offener Unterricht und
Lehrplan

Zusammenarbeit zwi-
schen Lehrerin und
Erzieherin

Selbstanfertigung von
Unterrichtsmaterialien

nicht, wie das die anderen Kolleginnen machen. Ich habe schon genügend gute Ideen und würde auch gern viele dieser Ideen umsetzen, aber es fehlt mir die Zeit, all diese Dinge, die ich mir ausgedacht habe, für meine Kinder herzustellen. Oft stelle ich dann bei der Durchführung offener Lernphasen im Unterricht fest, daß ich den Kindern zu wenig Unterrichtsmittel zur Verfügung gestellt habe und damit zu wenig Differenzierungsmöglichkeiten und Angebote habe. Bisher gestaltete ich nur etwa 20 Minuten oder eine Viertelstunde mit offenen Formen des Unterrichtens. Gegenwärtig habe ich noch keine Erfahrung in der Zusammenarbeit mit den Eltern im Unterricht gesammelt, aber in der nächsten Woche kommt die erste Mutti zu mir in den Unterricht, und mit ihr will ich dann gemeinsam einzelne Phasen gestalten. Auf diese Zusammenarbeit bin ich gespannt, und ich freue mich auch schon darauf."

Eltern in den Unterricht einbeziehen

Fräulein S.:
"Ich bin jetzt mit der Öffnung des Unterrichts so weit, daß ich in jeder Woche am Donnerstag und Freitag die 4. Stunde als offenen Unterricht gestalte. Ich bereite diese Stunden so vor, daß ich den Kindern verschiedene Aufgaben zur Wahl anbiete und ihnen überlasse, was sie arbeiten wollen. Gegenwärtig entscheiden sich die meisten Kinder für die Anfertigung ihrer eigenen Fibel. Auch kleine Lesetexte schreiben die Kinder mit wachsender Begeisterung ab

Am Anfang nur zwei festgeplante Wochenstunden für die Öffnung des Unterrichts

oder verfassen selbständig Texte, die
wir dann auch gemeinsam lesen und dabei
große Freude und Spaß empfinden. In diesen beiden Stunden herrscht eine wohl-
tuende Arbeitsatmosphäre in der Klasse.
Die Kinder sind viel ruhiger als ich ur-
sprünglich erwartet hatte. Ich glaube,
es hängt damit zusammen, daß sie frei
auswählen können, welche Tätigkeiten sie
ausführen wollen."

Wenn Kinder ihre Ar-
beit selbst auswählen
können, haben sie mehr
Spaß daran und arbei-
ten gern.

<u>Fräulein B.:</u>
"Ich möchte erst einmal sagen, daß mir
die Arbeit mit offenen Lernphasen wesentlich mehr Spaß macht, als nur das
frontale Unterrichten. Unser Schultag
ist auch nicht nach Stunden eingeteilt,
sondern in mehrere unterschiedliche
Lernphasen, die nicht länger als 25 bis
30 Minuten sind. Außerdem beginne ich
den Unterrichtstag mit den Kindern auch
anders, als es die Kolleginnen vor mir
darstellten. Ich beginne mit einer ca.
20minütigen offenen Phase. In dieser
Phase können die Kinder völlig selbständig bestimmen, was sie tun und arbeiten
möchten. Nachdem wir gemeinsam den Klassenraum betreten haben und die Kinder ihre
Arbeitsmittel ausgepackt und auf ihren
Platz gelegt haben, suchen sie sich individuell Arbeit. Die einen gehen zu den
Arbeitskästchen und holen ihre am Vortag
noch nicht beendeten Arbeitsblätter heraus und vervollständigen sie. Andere
spielen an der Tafel und schreiben mit
Kreide Buchstaben oder kleine Wörter.
Wieder andere spielen mit unterschiedlichen Unterrichtsmitteln an der Tafel,

Offene Lernphasen
gleich zu Beginn des
Tages

z. B. mit dem Zauberer oder mit den Luftballons. Einige malen Bilder, die sie dann für die Viererfenster nutzen. Eine beliebte Tätigkeit ist auch das Fibelvorlesen. Die Kinder kommen zu mir und lesen vor, was sie tags zuvor zu Hause geübt haben.

Den Übergang zum Morgenkreis leite ich mit dem Abspielen lustiger Kinderlieder ein. Ich habe zu diesem Zweck solche Lieder ausgewählt, die die Kinder anregen, sich danach durch den Klassenraum zu bewegen. Einmal werden sie aufgefordert, die Arme und Beine nach der Musik zu bewegen, ein anderes Mal bewegen sie sich nach einem Eisenbahnlied wie ein langer Zug durch die Klasse hin zum Morgenkreis. Den Kindern und mir bereitet diese Phase immer besondere Freude. Auch haben die Kinder inzwischen diese Lieder zu "Schlagern" ihrer Klasse gemacht. Singend und freundlich stellen wir uns dann zum Morgenkreis auf ...

Übergang zum Morgenkreis mit Musik

Den Abschluß eines Schultages gestalte ich ähnlich wie den Beginn. In den ersten Wochen der Schulzeit habe ich den Kindern vielfältige Möglichkeiten genannt, die sie in dieser Arbeitsphase realisieren könnten. Jetzt brauche ich keine Hinweise mehr zu geben. Die Kinder arbeiten selbständig und sehr intensiv an unterschiedlichsten Dingen. Ich hätte nie gedacht, daß sie wirklich so gerne selber lernen und zeigen wollen, was sie gelernt haben. Ich bin sehr stolz und glücklich darüber. In dieser Phase gebe ich meistens Hinweise darauf, was man am Nachmittag zu Hause allein üben kann.

Offene Phase zum Ende des Schultages

Ich hätte nie gedacht, daß die Kinder wirklich so gerne selber lernen wollen.

Hausaufgaben im Sinne von Pflichtaufgaben gebe ich nicht auf. Aber ich muß
sagen, ich habe es noch nicht erlebt,
daß ein Kind zu Hause nichts getan hat."

**Hausaufgaben?
Nur freiwillig**

Frau K.:

"Eine besondere Rolle im Morgenkreis
spielt in meiner Klasse eine Handpuppe.
Jedes Kind, das ein Erlebnis vom Vortag
berichten möchte, streift sich diese
über die Hand und läßt sozusagen die
Puppe erzählen. Ich habe festgestellt,
daß man mit Hilfe dieser Handpuppe auch
solche Kinder zum Sprechen anregen kann,
die sonst sehr zurückhaltend und schüch-
tern sind. Ansonsten gestalte ich den
Morgenkreis ähnlich wie die Kolleginnen,
die sich bisher dazu geäußert haben. Allerdings haben meine Kinder jeder ein
kleines Kissen anstelle des Stuhles. Das
erspart uns das Hin- und Hertragen der
Stühle. Den Unterricht gestalte ich zur
Zeit noch vorwiegend frontal. Eine Aus-
nahme stellt jeweils die 4. Stunde dar.
Dort arbeite ich gemeinsam mit der Horterzieherin, so daß in dieser Stunde viele Möglichkeiten gegeben sind, sich den
Kindern individuell zu widmen. In diesen
Stunden haben sie entsprechende Pflichtaufgaben zu lösen. Wenn sie diese beendet haben, ist es möglich, andere selbst-
gewählte Aufgaben zu lösen.
In meiner Schule haben die Kollegen, die
eine erste Klasse führen, sich entschlossen, jeweils die 3. Stunde zum Unterrichten in den sogenannten Wahlfächern zu
nutzen. Hier gibt es jedoch noch einige
Unsicherheiten bei uns, da wir in diesen
Fächern nicht ausgebildet sind."

**Eine Handpuppe hilft,
die individuelle Zu-
rückhaltung einzelner
Kinder zu überwinden**

**Ein Kissen für den
Morgenkreis**

**Die 4. Stunde wird für
offene Lernphasen
genutzt**

3. Erfahrungsberichte von Lehrerinnen, die offenen Unterricht
   ausprobieren

<u>Anne Kohl,</u> 15 Dienstjahre, das 2. Mal eine erste Klasse

<u>Mich und meinen Unterricht
zu verändern, stand für
mich fest</u>

Diese erste Klasse sollte etwas Besonderes für mich werden. Das hatte ich mir fest
vorgenommen. Aber ich wußte
nicht genau, wie und was ich
verändern sollte. Schließlich
habe ich als gut ausgebildete
Unterstufenlehrerin über Jahre vielen Kindern geholfen,
erfolgreich Lesen, Schreiben

So war es früher ...

und Rechnen zu lernen und sich im Klassenverband und in der Schule wohl zu fühlen. Ich hatte Erfolg, war anerkannt, die Kinder
mochten mich und ich sie. Was hat mich trotzdem zu dem Entschluß
geführt, mich und meinen Unterricht zu verändern?
Ich litt im Laufe der Jahre zunehmend an dem Streß, den der Unterricht und die mir zugedachte und auch von mir angenommene Rolle als Lehrerin im Unterricht so mit sich brachte. Alles war
stets von mir gut durchorganisiert, ich hatte für alle meine Schüler mitgedacht. Jede mögliche Eventualität wurde bedacht, Probleme weitestgehend für die Kinder bereits im Vorfeld gelöst. Man
kann mit dieser Art auch seine Kinder begeistern und sie zum Mit-
machen bewegen. Aber irgendwie kam ich mir stets als "Antreiber",
als "Bestimmer" vor. Das von mir akzeptierte Rollenverhalten "alles zu wissen", "alles zu verantworten", "immer die Lernwege der
Kinder zu planen", "alle zu fördern", "immer zu kontrollieren",
"immer zu bestimmen", "immer Vorbild zu sein" versetzte mich in
zunehmende psychische Spannungen und machte unzufrieden. Nach an-
derthalb Monaten veränderter Arbeitsweise wird mir zunehmend bewußt, daß ich zum einen meine Bedeutung für das Lernen und das

Hineinwachsen der Kinder in die Gesellschaft überschätzt hatte
und mich viel zu dominant in die Tätigkeit der Kinder eingemischt
habe. Zum anderen habe ich mich unterschätzt, da ich meine soziale Wirkung als Partner der Kinder beim Lernen, die sich ergibt,
wenn ich mich etwas zurücknehme und gemeinsam mit ihnen arbeite,
in der von mir heute empfundenen Weise nicht erkannte.
In Vorbereitung auf meine erste Klasse in diesem Jahr galt mein
besonderes Interesse Veröffentlichungen über neue Unterrichtsmög-
lichkeiten. In unserer Projektgruppe arbeiten wir schrittweise
unsere Erfahrungen auf, diskutieren offene Probleme mit dem Ziel,
die für jeden einzelnen beste Variante für die pädagogische Arbeit zu finden und die gewonnenen Erfahrungen anderen mitzuteilen. Vor allem wollen wir erreichen, daß unsere Kinder lernen,
im Unterricht viel engagierter und selbstbewußter aufzutreten.

Wie arbeiten meine Kinder und ich im Unterricht?

Mein Unterricht beginnt seit dem ersten Schultag mit dem Morgenkreis. Jedes Kind nimmt nach einer auf der Flöte gespielten Melo-
die sein Stühlchen und stellt es in den Kreis vorn an der Tafel.
Hier kommt es zum ersten gemeinsamen Gespräch an diesem Tag. Dabei werden der Tagesplan entworfen und Aufgaben festgelegt, die
man selbständig oder gemeinsam erledigen kann. Die Kinder teilen
mit, was sie am Tag zuvor in der Schule, nach der Schule oder zu
Hause erlebt haben und was sie gern lernen möchten.
Für den Morgenkreis und für die Gestaltung des Schultages nutzen
wir die Applikation "Rotkäppchen", wie sie im Heft 3 der Reihe
"Öffnung des Unterrichts ..." beschrieben ist. Im Korb des Rotkäppchens werden Aufgaben, Spiele, Gedichte oder andere Texte
für die Klasse gesammelt. Anfangs mußte ich noch allein den Korb
mit Ideen füllen. Die ersten von den Kindern selbstgemalten Bildchen, die mit den Anlautbuchstaben begannen, steckten jedoch
schneller in dem Körbchen, als ich vermutet hatte.
Eine Begeisterung ist in der Klasse, wie ich sie zuvor nie gespürt hatte. Die Kinder stecken morgens neugierig ihre Nase in
die Klasse, und ihr erster Blick bleibt beim Rotkäppchen hängen.
Was ist wohl heute wieder im Körbchen, oder wer von den Mitschülern steckt denn gerade etwas hinein? Wenn man diese Aktivitäten

der Kinder erlebt, dann ist es ein Gefühl der Freude, das schwer zu beschreiben ist. Meine Kinder arbeiten von allein, ohne angetrieben zu werden und ohne extra Hausaufgabenstellungen. Und dann kam der erste Brief an mich. Am 24. Sep-

tember war es, drei Wochen nach Schulbeginn, steckte der erste Brief im Körbchen. Die Kinder nahmen es gelassen hin, weil jeden Tag etwas Schönes im Rotkäppchenkorb war. Wie erstaunt waren sie jedoch, als sie am nächsten Tag meinen Antwortbrief an das Kind im Korb fanden. Dadurch wurde eine Briefaktion ausgelöst, die alle Kinder meiner Klasse und auch die Horterzieherin erfaßt hat. Die Briefe enthalten alle neugelernten Wörter, aber auch solche, die von den Kindern abgeschrieben wurden bzw. schon selber fehlerfrei geschrieben werden konnten.
MEINE KINDER SCHREIBEN! Was will ich mehr? Sie setzen sich spielerisch mit dem gelernten Stoff auseinander und haben Freude daran.
Auch Stunden, in denen sich die Kinder selbständig Aufgaben zum Üben wählen können, werden zum Drucken von Briefen genutzt. Eine regelrechte Schreibwut hat die Klasse erfaßt. Vor allem die stillen Kinder, die manche Hemmungen noch nicht überwinden konnten, um sich im Gespräch zu äußern, nutzen diese Art der Kommunikation. Sie bringen sich auf diese Weise in einer völlig neuen Art in das Klassengeschehen ein und werden, indem sie Briefe von anderen Mitschülern erhalten, in die Gemeinschaft einbezogen. Inzwischen ist es schon zur Gewohnheit geworden, daß ich jeden Tag zwei bis drei an mich gerichtete Briefe beantworte. Meine Antwortbriefe erhalten stets einen Vorredeteil (vgl. Beispiel) und einen Teil aus zwei bis drei Sätzen nur für das Kind zum Selber-

Berlin, den 30.9.90

Mein lieber Gerhard!
Über Deinen Brief habe ich mich besonders
gefreut. Es stehen sogar Wörter darin, die wir
noch gar nicht gelernt haben.
Vielen Dank für die schönen Zeilen.
Du bist eben schon sehr pfiffig. Ich freue
mich immer über Deine gute Mitarbeit
im Unterricht.
Nun sollst auch Du Lesezeilen von mir
erhalten:
▶ Gerhard ✎ an Mami und Papa ✉
▶ Gerhard 👀 Omi und Opa im 🚗 =

Deine A. Kohl

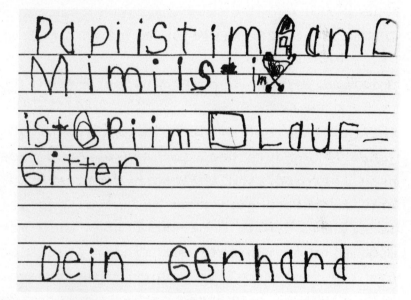

lesen. Äußerungen wie "meine Mutti mußte mir den Brief gleich zweimal hintereinander vorlesen, so haben wir uns gefreut", bestätigen mir, daß diese Art und Weise des Umgangs miteinander eine große Bedeutung sowohl für das Lernen der Kinder als auch für die sozialen Beziehungen innerhalb der Klasse bis hin zu den Eltern hat. Gleichzeitig macht es deutlich, wie man Kinder für etwas begeistern kann. Arbeit wird zur Freude, wenn man dem Kinde Möglichkeiten und Freiräume dafür anbietet.

Und ich selbst? Was war und ist mit mir geschehen? Ein völlig anderes Arbeitsgefühl ist seitdem in mir. Trotz des Mehraufwandes an Vorbereitung und Nachbereitung macht mir das Unterrichten mehr Spaß als früher, bin ich ausgeglichener und insgesamt, was die direkte Zusammenarbeit mit meinen Kindern und Eltern betrifft, zufriedener.

<u>Ingrid Zens</u>, 20 Dienstjahre, das 6. Mal eine erste Klasse

<u>Spielend lernen - vom Frontalunterricht zum offenen Unterricht</u>

Im Rückblick auf meine Anfangsklassen muß ich sagen, daß ich es jedes Mal anders und, ich denke, auch jedesmal besser angepackt habe, mit den Schulanfängern gemeinsam zu arbeiten. Aus meiner Arbeit, meinen positiven und negativen Erfahrungen, habe ich gelernt, daß man im Unterricht noch viel mehr vom Kind ausgehen muß. Mit dem Eintritt der Kinder in die Schule wird das Lernen nicht automatisch zur Haupttätigkeit der Kinder. Das Spiel bleibt eine wichtige Lernform. Am besten lernt der Schulanfänger, wenn man alle seine Sinne anspricht, Tätigkeiten und Aktivitäten auslöst, die sich nicht nur auf kognitive Prozesse orientieren, sondern den Bedürfnissen der Kinder nach Begreifen, Fühlen, Erforschen, Probieren und **Erleben** entgegenkommen.

In meiner vorigen sowie jetzigen Anfangsklasse bemühte und bemühe ich mich über das obligatorische Angebot an didaktischen Übungsmaterialien hinaus, spielerische Elemente zur Stimulierung der Kinder im Unterricht einzusetzen und damit freudvolles Lernen zu befördern. Wesentliche Anstöße dazu erhielt ich durch die Zusammenarbeit mit Methodikern und Studenten des Instituts für Lehrerbildung Berlin, in fachlichen Weiterbildungen zum Anfangsunter-

richt, im Erfahrungsaustausch in unserer Projektgruppe sowie in
Gesprächen mit meinen Kolleginnen.
Aus dem seit Jahren bestehenden Angebot von Frau Dr. Dammenhayn
zum spielerischen Lernen hatte ich mir bereits schon früher Materialien wie das Rotkäppchen, Buchstabenbausteine, Buchstabenhaus
u. ä. nachgestaltet. Für den Anfangsunterricht in diesem Schuljahr habe ich noch zusätzlich die Fibelfamilie, die ansprechen-
den Viererfenster, einen Zauberer und anderes mehr eingesetzt
(vgl. Heft 3 dieser Broschürenreihe). Darüber hinaus sammle ich
Spiele, Verse, Gedichte, Kinderbücher, Erzählungen, kleine Geschichten, Lieder, Bewegungsspiele, Bilder und Bildchen. Auf man-
ches bin ich auch zufällig gestoßen wie z. B. durch ein Kinder-
konzert mit Ch. Rau auf "Lieder aus dem Sack". Es sind wunderbare
Lieder, nach denen man sich toll bewegen kann und die inzwischen
zu "Schlagern" in der Klasse geworden sind.

Wie sieht ein Unterrichtstag in meiner ersten Klasse aus?

Jeder unserer Unterrichtstage hat den gleichen Rhythmus:
Im Morgenkreis sitzen wir auf unseren Kissen, singen ein Morgen-
lied, besprechen das für die Kinder Wichtige, auch Organisatori-
sches, der Tagesplan wird von mir vorgestellt, wenn es sich anbietet mit spielerischen Elementen. Die sich an den Morgenkreis
anschließenden ersten und zweiten Stunden dienen jeweils dem Erlernen von Lesen, Schreiben und Rechnen. Die dritte Stunde ist
den Fächern Sport, zweimal in der Woche Werken, Zeichnen und Musik vorbehalten. Diese Stunden stehen im Abschlußkreis in der Dis-
kussion immer hoch im Kurs. Die vierte Stunde wird gemeinsam mit
den Erziehern durchgeführt. Sie wird genutzt für Übungen, so z.B.
für die Arbeit mit Arbeitsblättern und für vielfältige andere
Formen der individuellen Arbeit der Kinder.
Die spielerischen Elemente sollen auf vielfältige Weise immer das
eine bewirken: auf freudvolle Art und Weise Buchstaben und Laute
zu festigen, die Herausbildung der Analyse- und Synthesefähigkeit
und das ganzheitliche Erfassen von Silben und Fibelwörtern zu unterstützen. So bringt Rotkäppchen in ihrem Korb z. B. Wörter, aus
denen neue Buchstaben und Laute gewonnen werden, neue Wörter, die
in unserem Fibeltext vorkommen, Ziffernkarten und Rechenaufgaben

mit. Auch die Viererfenster werden genutzt, um Bilder und aufge-
klebte Wörter mit bereits bekannten Buchstaben einzustecken. Der
Zauberer braucht Helfer, die ihm beim "Zaubern" von Wörtern
Buchstabe für Buchstabe reichen, ordnen, austauschen. Mit den
Bausteinen werden Wörter aufgebaut, abgebaut, verändert. Auch
die Fibelfamilie wird sehr variabel eingesetzt, z. B. zur Ein-
stimmung auf die Fibelgeschichte, zum bildnerischen Gestalten
dieser, zum Zuordnen der Namen (Wortbildkarten) zu Figuren und
umgekehrt, zum Nacherzählen der Fibelgeschichte usw.
Die unterschiedlichen spielerischen Elemente wende ich vorzugs-
weise in den ersten beiden Stunden des Tages an, in denen wir
weitestgehend frontal arbeiten. Selbstverständlich ist das Spielen mit Bausteinen, mit der Fibelfamilie, mit den Viererfenstern
und dem Zauberer auch in der vierten Stunde möglich. Hier beschäftigen sich die Kinder individuell mit den Unterrichtsmitteln.
Die vierte Stunde nutze ich gemeinsam mit der Erzieherin für dif-
ferenzierte Übungen mit den Schülern, um dem unterschiedlichen
Übungsbedarf und -bedürfnis einzelner Kinder besser gerecht zu
werden. Gegenwärtig versuche ich, durch die Erweiterung von Angeboten, den Kindern Freiräume für individuelles spielendes Lernen zu schaffen. Diese freie Arbeit soll zu einem festen Bestand-
teil des Unterrichtes werden. Hausaufgaben werden nicht erteilt.
Sie werden im Prinzip schon in der vierten Stunde gemeinsam bearbeitet.
In der Phase der freien Arbeit sind wir noch auf der Suche nach
Möglichkeiten, die Kinder mehr mitentscheiden zu lassen. Gegenwärtig sind sie noch sehr zurückhaltend bei der Auswahl der angebotenen Aufgaben und Unterrichtsmittel. Sie sind wahrscheinlich noch
zu sehr gewöhnt, vom Erwachsenen, vom Erzieher oder von der Lehrerin genau gesagt zu bekommen, was sie tun können und was sie tun
sollen. Gemeinsam mit der Erzieherin suche ich nach Möglichkeiten,
die Kinder zu motivieren, das Angebot an Übungen und Aufgaben in
der freien Auswahl besser zu nutzen. Wir machen uns also auf den
Weg, den Unterricht für unsere Kinder zu öffnen. Daß es kein Re-

zept für den offenen Unterricht gibt, macht es schwer und leicht
zugleich. Denn als Lehrerin kann ich mich und die Kinder mehr,
als das im vorhergehenden Jahr möglich war, selbst in den Prozeß
einbringen. Und das sehe ich als große Chance für die Gestaltung
des Unterrichts in der Grundschule an.

Hella Achtenhagen, 13 Dienstjahre, das 3. Mal eine erste Klasse

Ich möchte mein Konzept selber finden

 Im April 1990
konnte ich bei
einer Hospita-
tion in der
Paul-Klee-Schu-
le Westberlin
zum ersten Mal
eine ganz an-
dere Art des
Unterrichtens
erleben. Zwar
hatte ich vorher schon einiges gehört und gelesen, doch konnte ich
mir bis dahin nicht so recht vorstellen, wie offener Unterricht ab-
laufen könnte. Beeindruckt war ich von der Ruhe und der Geschäf-
tigkeit im Klassenzimmer, davon, wie die Kinder scheinbar völlig
selbständig arbeiteten, wie sie sich gegenseitig halfen und gemeinsam Aufgaben lösten, davon, wie vieles lustvoll und spielerisch
gelernt wurde und wie die Lehrerinnen sich einzelnen Kindern zuwenden konnten, ohne daß andere dadurch benachteiligt wurden.
Skeptisch stellte ich fest, daß auf einen systematischen didaktisch-methodischen Aufbau der einzelnen Lehrgänge scheinbar ver-
zichtet wurde. Meiner Meinung nach erschwert das einzelnen Schülern den Zugang zum Lehrstoff und nimmt dem Lernprozeß Effektivität und Zielstrebigkeit. Aber insgesamt gefiel mir die Selbständigkeit der Kinder und die angenehme Atmosphäre im Klassenzimmer
so gut, daß ich mir vornahm, in meiner neuen ersten Klasse meine
Arbeit zu verändern.
Ich wollte das Erstgenannte erreichen, aber auf die Systematik im

Lernen der Kinder nicht verzichten. Klar war mir dabei, daß ich den Kindern viel stärker als früher mehr Raum für eigene Entscheidungen in meinem Unterricht einräumen mußte. Die Kinder müssen eine andere Stellung im Unterricht einnehmen können als früher. Diese Position ist eine der wichtigsten für mich. Gemeinsam mit der Horterzieherin einigten wir uns darauf, in der Woche zwei Unterrichtsstunden für Formen des offenen Lernens einzuplanen und sie gemeinsam zu gestalten. Den frontalen Unterricht wollte ich - die guten Erfahrungen der vergangenen Jahre nutzend - abwechslungsreicher, freudvoller durch die Aufnahme vieler spielerischer Elemente gestalten.

Eine grundsätzliche Veränderung erfuhr der Tagesplan, der jetzt nicht mehr vom Klingelzeichen diktiert, sondern den Bedürfnissen der Kinder angepaßt werden sollte. Unterschiedliche Lernphasen sollten mit Phasen der Entspannung kombiniert werden. Vor den ersten offenen Stunden hatte ich Zweifel, ob sich die in der Paul-Klee-Schule gemachten Beobachtungen auch in meiner Klasse bestätigen werden. Ich befürchtete, daß die Kinder den Freiraum im Unterricht nicht zum Lernen, sondern zum Toben oder Stören anderer benutzen würden, daß wertvolle Unterrichtszeit somit verschenkt und ich mir das Chaos selbst organisieren würde. Heute nach knapp zwei Monaten kann ich sagen, daß sich meine Befürchtungen nicht bestätigten. Kinder, denen es im frontalen Unterricht schwerfällt, sich zu konzentrieren und einzuordnen, arbeiten in offenen Stunden wesentlich zielstrebiger an Aufgaben, die sie sich selbst stellen und sich auch zutrauen. Während im frontalen Unterricht jeder auf sich allein gestellt lernen muß, suchen sich in den offenen Stunden viele Kinder einen oder mehrere Partner und arbeiten ausdauernd und intensiv zusammen an der Lösung einer Aufgabe. Disziplinlosigkeit oder Leerlauf entsteht eigentlich nur dann, wenn das Angebot der Aufgaben und der zur Verfügung gestellten Materialien nicht ausreicht oder wenn der organisatorische Ablauf der offenen Stunde nicht genügend durchdacht ist. Nicht jede offene Stunde gelang mir bisher in gleicher Qualität. Einige erste Eindrücke und Erfahrungen möchte ich hier nennen:

- Eigentlich ist eine Stunde zu kurz für freies Arbeiten. Ich muß die Kinder zu früh wieder auffordern, ihre Arbeit zu beenden. Sinnvoller ist die Nutzung zweier hintereinanderliegender Stunden. Dabei erweist sich die Mitarbeit der Horterzieherin in den offenen Stunden als sehr wirkungsvoll. Aber auch Eltern haben in diesen Stunden die Kinder schon erfolgreich unterstützt und sind bereit, in dieser Form zu helfen.

- Jedes Kind sollte sich zwischen mehreren Aufgaben frei entscheiden können, leistungsstarke können auch mehrere lösen. Wenn Pflichtaufgaben erteilt werden, dann nur so wenige, daß das Kind sich nicht überfordert fühlt und noch genügend Zeit für die Arbeit mit Wahlaufgaben findet.

- Fertige Arbeiten legen die Kinder in unserem "Fertigkasten" ab. Diese werden dann von mir nach dem Unterricht kontrolliert. Beanstandungen werden in der nächsten offenen Stunde mit dem Kind besprochen, so daß es Fehler berichtigen kann. (Bedenken: Ist das auch in höheren Klassenstufen bei größerem Umfang der Arbeiten durchzuhalten? Welche Kontrollmöglichkeiten habe ich noch?)

- Als Lehrer muß ich mich in offenen Stunden weit zurücknehmen, muß mir eine andere Haltung zur schöpferischen Unruhe im Klassenzimmer erarbeiten. Ich muß lernen, arbeitende Kinder nicht mit Zwischenbemerkungen und vermeintlichen Hilfestellungen zu stören, sondern muß gut beobachten und mich bemühen, nur wenn es wirklich nicht mehr weitergeht, helfend einzugreifen.

- Besser muß ich noch das Lernen der Kinder miteinander organisieren, so daß sie sich gegenseitig bewußter helfen, sich als Partner verstehen und akzeptieren.

Beobachten konnte ich, daß sich die Kinder auf die offenen Stunden besonders freuen, daß sie mit Freude und Elan an die Arbeit gehen und wirklich intensiv arbeiten. Neu ist für mich die Er-

fahrung, daß ich in diesen Stunden wirklich eine Lehrerin sein
kann, die die Kinder zu intensivem Arbeiten führt, ohne daß ein
Wort des Forderns oder des Zwanges fällt. Die Kinder arbeiten aus
Freude am Lernen. Das bestärkt mich in dem Gefühl, auf dem rich-
tigen Weg zu sein und unbedingt weiterzumachen.

Monika Griese, 20 Dienstjahre, das 6. Mal eine erste Klasse

Ideen sind genug vorhanden - es fehlt nur die Zeit

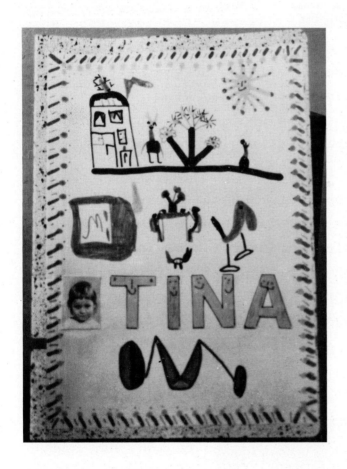

Seit Monaten schon war ich bereit, auch in meinem Unterricht
Wesentliches zu verändern, nur
wußte ich nicht genau, was und
wie. Das Zusammentreffen in
der Projektgruppe, das Bekannt-
machen mit neuer Literatur gaben erste Anstöße. So ging ich
mit Freude und Zweifel an die
ersten Schultage heran. Ich
begann mit der Öffnung des Unterrichts sehr vorsichtig und
langsam. Am 3. September gestaltete ich mit den Kindern
zunächst nur den Morgenkreis.
Da ich recht wenig Kinder in
der Klasse habe, äußerten sich
alle schnell und völlig unbe-
fangen. Auch war es in der of-
feneren Atmosphäre nicht schwierig, die Kinder miteinander bekannt
zu machen. Sehr ruhige, zurückhaltende Kinder hatten keine Schwierigkeiten, Kontakt zu knüpfen. Besorgte Mütter und Väter konnte
ich diesbezüglich schnell beruhigen, und ich denke, sie spüren
auch die Freude ihrer Kinder.
Alle Kinder kamen und kommen gern in die Schule, denn die Schule
macht Spaß. Mir geht es ähnlich. Ich freue mich auf jeden neuen
Tag in meiner Klasse. In den ersten zwei Wochen versuchte ich zunächst nur, durch einen ausgeglichenen Wechsel von Anspannung und

Entspannung die Freude der Kinder am Lernen zu fördern. Unsere
Pausen waren etwas ausgedehnter, häufig gingen wir auf den Hof,
um zahlreiche Spiele dort durchzuführen.
Ab der 3. Woche begann ich, eine offene Stunde pro Woche durchzuführen. In diesen Stunden wollten wir eine eigene Fibel gestalten. Die Kinder gingen mit Interesse und Freude in jede offene
Stunde, verlangten eigentlich noch mehr Stunden dieser Art. Allerdings hatte ich das Problem dabei, genügend Material für diese
Stunden bereitzustellen. Ideen sind vorhanden, aber die Zeit wird
oft recht knapp. Deshalb beließ ich es bis zu den Oktoberferien
bei einer Stunde wöchentlich. Mir fiel bei einem Kind meiner Klasse auf, daß es grundsätzlich in diesen Stunden nichts tat und nur
zuschaute. In der Hoffnung, daß durch das intensive Arbeiten al-
ler Kinder es selbst auch zum Mittun motiviert wird, unterließ
ich anfangs jede direkte Beeinflussung und ließ es zuschauen.
Später überlegte ich mir Extraaufgaben für dieses Kind und sprach
es zu Beginn der Stunde daraufhin an. Nach dem direkten Ansprechen bearbeitete es die Aufgabe. Ich denke aber, es löste diese
Aufgabe nicht aus sich heraus, sondern aus einem Verständnis von
der Pflicht des Schülers, das zu tun, was die Lehrerin ihm abver-
langt. Während alle Kinder mit Begeisterung in den Stunden arbeiteten, habe ich bei diesem einen Kind noch nicht diese Begeisterung gespürt, und ich bin noch auf der Suche nach Ursachen für
sein Verhalten. Die neue Unterrichtsform gibt mir allerdings die
Möglichkeit, mich intensiv mit ihm zu beschäftigen.
Eine wirklich neue und mich begeisternde Erfahrung war und ist es
zu erleben, daß es den Kindern großen Spaß bereitet, selbst aus-
gewählte Aufgaben zu bearbeiten, sich konzentriert, sehr intensiv
und ausdauernd mit Lerninhalten auseinanderzusetzen und sogar danach zu verlangen, weiterarbeiten zu dürfen, auch wenn die Zeit
dafür längst verstrichen ist. Häufig kommt es aus diesem Grunde
dazu, daß wir den Abschlußkreis nicht mehr durchführen können,
weil ich die Kinder in ihrer intensiven Arbeit nicht unterbrechen
möchte.
Nach den Oktoberferien, ausgestattet mit mehr Material, ging ich
daran, täglich die 3. Unterrichtsstunde als offene Stunde durchzuführen. Ich begann, in dieser Stunde mit Pflicht- und Wahlaufgaben zu arbeiten. Dabei fiel mir auf, daß in der ersten Stunde

dieser Art nur die Hälfte der Kinder die Pflichtaufgaben gleich erledigte, am Ende der Woche jedoch, bis auf einen Schüler, alle gleich an die Pflichtaufgaben herangingen, um sich dann Aufgaben auszuwählen, mit denen sie sich beschäftigen konnten, ohne auf die Zeit zu achten.

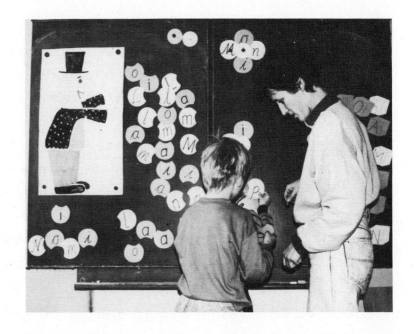

Silke Bartnicki, 2 Dienstjahre, das erste Mal eine erste Klasse

Ein Schultag ohne Klingelzeichen

In unserer ersten Klasse arbeiten wir nicht nach Stundenplan. Unser Schultag unterteilt sich in verschiedene Arbeitsphasen, jede nicht länger als 30 Minuten. So habe ich die Möglichkeit, entsprechend der jeweiligen Situation über Anfang, Ende und Intensität der Lernphasen zu entscheiden. Das Lernen beginnt und endet also nicht mit einem Klingelzeichen, das von außen ohne Berücksichtigung des konkreten Lernprozesses dessen Ende festlegen will, sondern richtet sich nach dem Wollen und Können der Schüler und der aus der Beobachtung

des Geschehens in der Klasse durch mich festgestellten Notwendig-
keit. In Absprache mit den Kindern habe ich mich entschlossen,
den Beginn jedes Schultages völlig offen zu gestalten. Wenn die
Kinder morgens in die Schule kommen, wollen sie oft Erlebnisse
des Vortages erzählen. Und nicht jeder möchte es im Morgenkreis
allen erzählen, sondern für ihn ist es wichtig, es seiner Freundin oder seinem Freund allein mitzuteilen. Die Kinder und ich
haben u. a. aus diesem Grund beschlossen, die ersten ca. 20 Minuten jedes Tages wie folgt zu beginnen:
Nach dem gemeinsamen Betreten des Klassenraumes und der Begrüßung
kann jedes Kind selbst bestimmen, was es tun möchte. Meine anfäng-
lichen Zweifel und Unsicherheiten, ob diese Phase des Tages aus-
reichend genutzt wird für das Lernen und für die gemeinsame Arbeit, wurden sehr schnell zerstreut. Die meisten Kinder packen
ihre Mappe aus und gehen an das Regal, in dem ihr bunt beklebtes
Arbeitskästchen mit Arbeitsblättern steht. Selbständig beginnen
sie, ihre Arbeitsblätter zu bearbeiten; dabei sitzen sie am Tisch
der Freundin oder des Freundes und können sich unterhalten. Oft-
mals bringen sie auch Kinderkassetten mit, die wir dann in dieser
Zeit leise abspielen. Während des offenen Beginns biete ich den
Kindern die Möglichkeit an, mit einzelnen zu arbeiten, die individuelle Hilfe brauchen. Besonders beliebt ist dabei das Fibelvorlesen. Die Kinder kommen einzeln zum Lehrertisch oder zur Lese-

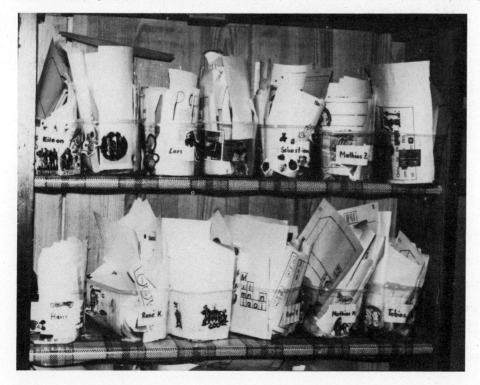

ecke und lesen
hier ihre zu
Hause geübten
Texte vor. An-
dere beliebte
Tätigkeiten sind
das Schreibma-
schinenschrei-
ben und das
Drucken. Jeweils
zwei Kinder
haben die Mög-
lichkeit, sich
gemeinsam an
die Schreibma-

schine zu setzen oder mit der Schülerdruckerei zu arbeiten, um
die bekannten Wörter und Buchstaben zu schreiben oder zu drucken.
Wenn es ihnen gut gelungen ist, sind sie besonders stolz, die von
ihnen selbständig geschriebenen Wörter den anderen Kindern zu
zeigen.

Nach dieser offenen Phase am Beginn des Schultages räumen die Kinder ihren Arbeitsplatz auf, und wir stellen uns gemeinsam zum
Morgenkreis auf. Der Morgenkreis hat für uns nicht primär die
Funktion, Stätte des Austausches von persönlichen Erlebnissen des
Vortages zu sein. Dies geschieht bereits vorher oder dann, wenn
ein Kind der Meinung ist, daß es etwas ist, das alle wissen müssen. Oft wird der Morgenkreis dafür genutzt, um über aktuelle Anlässe und Probleme zu sprechen; z. B. Geburtstagskinder oder
Herbstbeobachtung oder das Verhalten im Straßenverkehr spielen
eine wichtige Rolle.

Weiterhin besprechen
wir den Tagesplan und
montags auch den Wochenplan. Was wollen
wir in dieser Woche
bzw. am heutigen
Schultag alles schaffen? Was wird neu
sein? Dementsprechend
werden an der Tafel
Symbole befestigt, so
daß alle Kinder immer
genau sehen können,
was wir noch lernen
oder üben wollen.
Nachdem wir eine gemeinsame Verständigung erreicht haben und bevor die einzelnen Arbeitsphasen im Lesen, Rechnen oder Schreiben beginnen, wird der Morgenkreis mit
Bewegungsspielen nach ausgewählten Kinderliedern beendet. Die
sich anschließenden Arbeitsphasen dauern nicht länger als 25 bis
30 Minuten. Sie werden unterbrochen durch eine Frühstückspause,
eine Bewegungsphase auf dem Schulhof und eine künstlerisch-ästhe-

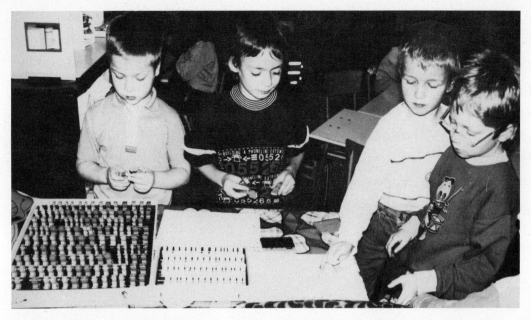

tisch gestaltete Phase mit Malen, Basteln, Singen oder Sport. Die Arbeitsphasen selbst werden noch vorwiegend gemeinsam durchgeführt und frontal gestaltet, da ich der Meinung bin, daß grundlegende Kenntnisse in dieser Form erst einmal vermittelt werden müssen.

Ich denke, daß es mir möglich sein wird im Verlauf des ersten Schuljahres, diese Formen des frontalen Arbeitens mit den Kindern weiter zu öffnen und anders zu gestalten. Die Gestaltung offener Lernphasen, die ich gegenwärtig vorwiegend für Übungszwecke, Wiederholung und Festigung einsetze, gibt mir die Möglichkeit, die Kinder beim Arbeiten genau zu beobachten, sie so besser und schneller kennenzulernen, ihre Stärken und Schwächen, ihre Vorlieben und Abneigungen zu erkennen. Die so gewonnenen Erkenntnisse werden es mir später in der Phase der Vermittlung neuen Stoffes ermöglichen, die Eigenheiten der Kinder, ihr Vorwissen und ihre Fähigkeiten differenzierter zu berücksichtigen. Ich denke, daß es über diesen Weg möglich sein wird, zu einer Form gemeinsam gestalteter Arbeit zu gelangen, die sich weitgehend an den individuellen Bedürfnissen, Erfahrungen und Fähigkeiten der Kinder orientiert.

Das Ende eines jeden Schultags ähnelt dem Anfang. In einem Zeitraum von etwa 20 Minuten können die Kinder ihre am Morgen angefangenen Arbeiten vervollständigen oder beenden. Haben sie das getan oder möchten sie das nicht, arbeiten sie auch sehr gerne mit Kreide an der Tafel und schreiben Wörter, Buchstaben und Sätze. In dieser Zeit werden auch häufig Bilder für das Viererfenster, für den Rotkäppchenkorb oder auch für mich oder andere Schüler gemalt. Nach Ablauf der Zeit packen wir unsere Mappen ein und räumen den Arbeitsplatz auf. Dann folgt der Abschlußkreis. Hier sprechen wir vor allem über den Schultag, was wir gemacht oder gelernt haben, und über unser Verhalten. Die Kinder schätzen gegenseitig ein, was ihnen gefallen oder noch nicht gefallen hat. Nachdem wir uns dann verabschiedet haben, bringt der Milchdienst die leeren Milchtüten weg, und es wird die Tafel abgewischt. Diese und auch andere Dienste (Garderobendienst) werden von den Kindern selbständig ausgeführt und erhalten auch eine gemeinsame Wertung.

Brigitte Böhme, 24 Dienstjahre, das 8. Mal eine erste Klasse

Schatztruhen im Unterricht

In unserer Schule haben sich die Lehrerinnen der ersten Klassen gemeinsam mit den Horterzieherinnen einen Tagesrhythmus festgelegt. Der Unterrichtstag gliedert sich in zwei geschlossene Lernphasen, die mit einem Morgenkreis eröffnet und durch eine gemeinsame Frühstückspause mit anschließenden Bewegungsspielen unterbrochen werden. Etwa in dem Zeitraum der ersten beiden Stunden liegen diese Phasen. Nach einer großen Hofpause werden die Kinder von der Klassenlehrerin in den Fächern Musik,

Zeichnen, Werken, Schulgarten oder Sport unterrichtet. In der 4. Unterrichtsstunde gestalten wir gemeinsam mit den Erzieherinnen offene Lernphasen, in denen die Kinder eine gewisse Anzahl von Pflichtaufgaben erfüllen und in der restlichen Zeit sich selbstgewählten Aufgaben bzw. Lernspielen zuwenden. Besonders beliebt ist in dieser Zeit die Schatztruhe, ein von den Kindern selbst gestalteter und beklebter Schuhkarton. In dieser Schatztruhe bewahren die Kinder ihre "Schätze" auf, und ich darf für jedes Kind pro Woche etwa 3 bis 5 Arbeitsblätter in diese Truhe legen. Die Kinder suchen sich neben anderen Möglichkeiten des Lernens (Stempel, Quartette, Würfelspiele, Malblätter u. a.) jeweils das Blatt heraus, mit dem sie arbeiten möchten. Wenn sie es bearbeitet haben, wenden sie sich selbständig anderen Lernspielen zu. Am Ende des Tages kontrolliere ich die Arbeitsblätter auf Richtigkeit. Dadurch kann ich ersehen, welches Kind eine Übung noch nicht beherrscht und wo es noch Übungsbedarf hat. Danach richtet sich in der nächsten Woche meine Auswahl der Arbeitsblätter bzw. das Angebot an Übungs- und Lernspielmaterialien, das ich den Kindern unterbreite.

Für die Phasen der freien Arbeit benötigt man sehr viele Materialien, die sich jede Lehrerin selbst beschaffen muß. Da in unserer Schule die Klassenlehrerinnen auch Zeichnen und Werken unterrichten, bieten sich hier neben dem positiven Effekt einer fachübergreifenden Gestaltung des Lernens auch gute Möglichkeiten, die Bestände an Unterrichtsmaterialien gemeinsam mit den Kindern aufzufüllen. So haben wir z. B. ein Angelspiel (anfangs mit Buchstaben, neuen Silben, bald Sätzen bestückt) hergestellt. Auch Rechen- und Silbendominos sind entstanden. Die Kinder fertigen alles mit viel Freude an und benutzen es auch sehr gern. Neue Ideen werden häufig von den Eltern in den Unterricht mitgebracht. So haben wir ein Puzzle für die Weihnachtszeit geplant. Kleine Texte und Bilder werden angefertigt, aufgeklebt und in kleinere Teile zerschnitten. Gegenwärtig sind wir dabei, ein Silben- und Buchstabenmemoryspiel herzustellen. Es werden dabei jeweils zwei Kärtchen doppelt angefertigt. Die Karten legen wir dann verdeckt auf den Tisch, und es darf jedes Kind zweimal eine Karte anheben. Hat es sich ein Paar zusammengehörender Karten gemerkt bzw. gefunden, darf es diese aufheben. Wer die meisten Paare hat, ist der Sieger.

Die Kinder sind mit Feuereifer dabei, dieses Spiel herzustellen. Sie bemühen sich, sehr sauber zu schreiben, und haben eine Unmenge Ideen, die sie in dieses Spiel mit einbringen können. Sie freuen sich bereits während der Anfertigungsphasen darauf, daß sie gemeinsam das Spiel im Unterricht auch einsetzen und spielen können.

<u>Waltraud Wichmann</u>, 27 Dienstjahre, das 8. Mal eine erste Klasse

Und so machen wir es

Ein ruhiger, besinnlicher Tagesanfang ist für meine Kinder und mich die Grundlage für einen guten Lerntag. Morgens betreten die Kinder einzeln den Klassenraum. Ich bin bereits im Raum und beschäftige mich mit kleineren Vorbereitungen. Im Hintergrund wird eine Kassette mit Kinderliedern abgespielt. Jedes Kind geht nach einer kurzen persönlichen Begrüßung auf seinen Platz und packt die Arbeitsmaterialien aus. Dann nimmt es sein Kissen und setzt sich gemeinsam mit Freunden oder auch allein auf den Teppich oder kommt zu mir und erzählt etwas Wichtiges. Einzelne Kinder lauschen der Musik, sind ganz still, andere unterhalten sich. Ich setze mich zu den Kindern und werde auch gleich in die Gespräche einbezogen. Wenn alle Kinder im Kreis sitzen, wird die Musik abgestellt, und unsere Gesprächsrunde beginnt. Eigentlich hatte sie ja schon begonnen. Im Morgenkreis findet folgendes je nach Situation in der Klasse statt:

- Wir erzählen Erlebnisse und sprechen über Geschehnisse, die für die Kinder wichtig sind.

- Flüsterspiele und andere kleine Spiele (vgl. Heft 4) führen wir durch.

- Die Kinder bekommen montags eine Vorschau auf die ganze Woche, und an jedem Morgen wird der Tagesplan besprochen.

- Durch Piktogramme werden jeweils Art und Reihenfolge der Stundenteile angezeigt.

- Wir zeigen, was sich im Rotkäppchenkorb befindet, und nehmen die Bearbeitung der Materialien in den Tagesplan mit auf. Jeden Morgen stecken einige Kinder etwas in den Korb, und auch ich nutze ihn, um Lernangebote zu machen.

- Wir beraten gemeinsam, was wir uns an dem heutigen Tag bzw. in der Woche besonders vornehmen wollen.

Nach der Gesprächsrunde im Morgenkreis beginnen wir dann mit unserer ersten geschlossenen Lernphase. Im Gegensatz zum Morgenkreis und anderen Phasen freier Arbeit dominiert in ihr frontale Arbeit. Neuer Stoff wird gemeinsam erarbeitet bzw. Gelerntes wiederholt und geübt und angewendet. Ich habe das Gefühl, daß die Kinder in dieser Phase tatsächlich auch von mir verlangen, daß ich ihnen etwas erkläre und beibringe. Sie akzeptieren meine führende Rolle, und ich denke, daß sie diese sogar von mir fordern. Nach einem gemeinsamen Frühstück bei leiser Musik folgt ein Bewegungsspiel. Dem schließt sich die zweite Lernphase an, in der wir lesen, rechnen oder schreiben. Danach gehen die Kinder gemeinsam mit allen Kindern der Schule zur Hofpause. Anschließend haben sie eine Stunde Fachunterricht (Sport, Musik, Zeichnen, Werken oder Schulgarten). In der vierten Stunde, die wir im wesentlichen für individuelle Arbeit eingeplant haben, ist auch eine Erzieherin anwesend.

Wir haben uns gemeinsam darauf geeinigt, daß den Kindern neben einer bestimmten Anzahl von Pflichtaufgaben eine weitere Anzahl von Wahlaufgaben angeboten wird. Aus verschiedenen Lernangeboten können die Kinder auswählen, welchen Aufgaben sie sich zuwenden möchten.

Beispiele für mögliche Lernangebote:

- Zu den erarbeiteten Buchstaben, Bilder oder Wörter ausschneiden und aufkleben,
- Buchstaben in Zeitschriften wiedererkennen und umranden bzw. ausschneiden und aufkleben,

- Silben ausschneiden und Wörter legen,
- Partnerübungen mit Buchstaben oder Silben durchführen (Buchstaben oder Zahlen auf Rücken malen und erraten, Wörter mit bestimmten Lauten nennen),
- Gruppenspiele, z. B. Quartett, Puzzle, Domino, Angelspiele mit Buchstaben oder Silben oder Wörtern,
- Arbeitsblätter mit Malaufgaben (M - blau, m - rot, *m* - gelb usw.)
- Würfelspiele (Würfel sind mit Buchstaben oder Silben beklebt, die Kinder können damit verschiedene Wörter bzw. Silben würfeln und zusammenlegen; Additionsaufgaben, Vergleichsaufgaben).

Alle erfüllten Aufgaben und Arbeitsblätter kommen in eine selbst gestaltete Fibel. Die noch nicht fertiggestellten Arbeitsblätter und Arbeiten kommen in einen bunt beklebten Karton, den die Eltern in der ersten Elternversammlung für ihre Kinder vorbereitet haben. Die nicht beendeten Aufgaben werden von den Kindern in anderen offenen Lernphasen weiter bearbeitet.
Es zeigt sich, daß alle Kinder bemüht sind, neben den Pflichtaufgaben auch alle Wahlaufgaben durchzuführen. Seit der 5. Unterrichtswoche können die Kinder auch in einer offenen Stunde je Woche die Puppenecke oder Bauecke sowie verschiedene Spiele nutzen. Wie sich diese Stunde weitergestalten läßt und welche Auswirkungen diese Stunde auf die Situation in der Klasse, die Effektivität des Lernens und des Arbeitens der Kinder haben wird, muß ich erst noch beobachten und analysieren.
In der 6. Unterrichtswoche habe ich begonnen, die Pflichtaufgaben selbständig von den Schülern kontrollieren zu lassen. Besonders gut geeignet waren dafür Mathematikaufgaben, die Arbeitsblätter "Lernen und üben" sowie andere Arbeitsblätter. Hierzu wurde ein extra Tisch bereitgestellt. In vorbereitenden gemeinsamen Übungen zur Kontrolle versuche ich, die Kinder zur selbständigen Überprüfung ihrer Leistungen zu befähigen und ihnen dabei gleichzeitig bewußt zu machen, daß sie nicht für mich, sondern für sich selber lernen. Wer es noch nicht allein schafft, holt sich bei mir, bei der Erzieherin oder bei Mitschülern Hilfe. In den Stunden offener Lernformen bemühe ich mich um Zurücknahme meiner Führungsrolle, um somit den Kindern tatsächlich Raum für eigenes Suchen und Arbeiten zu geben. Ich gebe zu, es fällt mir noch ganz schön schwer. Wenn es dann tatsächlich zu unruhig wird in der Klasse, lege ich

eine Schallplatte auf oder singe ein kurzes Liedchen. Die Kinder reagieren sofort darauf, ohne daß ich sie durch direktes Ansprechen oder Schimpfen zur Ruhe ermahnen muß. Zum Abschluß des Unterrichtstages werden die Arbeitsmittel wiederum bei Musik in die Mappe gepackt. Wer fertig ist, kommt zum Abschlußkreis nach vorn. Wenn der letzte Schüler im Kreis sitzt, wird die Musik abgestellt, und wir werten gemeinsam den Tag nach folgenden Schwerpunkten aus:

- Was haben wir heute gelernt?
- Was haben wir besonders gut gemacht?
- Wurde alles erfüllt, was wir uns vorgenommen haben?
- Wer war besonders vorbildlich?
- Welche Probleme gab es?

<u>Andrea Schwolow</u>, 1 Dienstjahr, das 1. Mal eine erste Klasse

Ich begann langsam, den Unterricht zu öffnen

Am ersten Unterrichtstag habe ich den Morgenkreis eingeführt, damit die Kinder sich erst einmal kennenlernen. Allerdings traute ich mir noch nicht zu, **ihn** täglich durchzuführen, da ich befürchtete, daß mir die Zeit wegläuft. So wurde er nur montags durchgeführt, um die Möglichkeit zu geben, Erlebnisse des Wochenendes zu erzählen, und die "Helden des Bildschirms" wieder in ihr reales Leben zurückzuholen.
Mein Ansatz zur Öffnung des Unterrichtes war es in den ersten Unterrichtswochen durch einen angemessenen Wechsel von Anspannungs- und Entspannungsphasen die Freude am Lernen und Arbeiten wachzuhalten. Ich verlängerte die Frühstückspause und führte danach

noch ein Spiel im Freien durch. In den geschlossenen Lernphasen
setzte ich viele spielerische Elemente ein (vgl. Heft 3). Außerdem versuchte ich, die Pausen abwechslungsreich zu gestalten, indem wir viel Musik und auch Kassetten mit Geschichten hörten. Die
Kinder gewöhnen sich damit auch gleich an eine ruhige Pausenge-
staltung. Wenn es sich anbietet, setze ich Musik auch im Unterricht ein.

Leider besteht für mich an meiner Schule nicht die Möglichkeit,
in meiner Klasse den gesamten
Unterricht zu erteilen. Dadurch
kann ich nicht den ganzen Tag in
zusammenhängende Lernphasen
gliedern.
Trotz dieser Tatsache und der
Orientierung am Stundenplan wag-
te ich mich ab der dritten Unterrichtswoche an eine Stunde pro
Woche, in der die Kinder frei
arbeiten konnten. In der allerer-
ersten freien Stunde begannen
wir mit der Arbeit an einer ei-
genen Fibel: das Deckblatt - ein Selbstporträt von der Einschu-
lung - hefteten wir als erstes ein. Danach kam der Buchstabenbaum.
In den folgenden Stunden stellte ich den Kindern verschiedene
Arbeitsangebote: Arbeit an der eigenen Fibel - Ergänzen des Buch-
stabenbaumes, Ausschneiden und Aufkleben von Buchstaben, die wir
kennengelernt haben, Malen von Bildern zu den Buchstaben, Ausfül-
len von Arbeitsblättern, Schreiben von kleinen Texten, Vorlesen
von solchen und zusätzlich angebotenen Texten sowie das Lösen
von Knobelaufgaben. Dabei fiel mir auf, daß die Kinder viel kon-
zentrierter arbeiten als im Frontalunterricht. Sie sind viel ruhiger und gehen begeistert an ihre Arbeit.
Da dies ohne Probleme lief, war das Ansporn für mich, einen
Schritt weiter zu gehen. In der fünften Unterrichtswoche gestaltete ich an einem Tag meine drei Unterrichtsstunden (1. bis 3.
Stunde) offen. Den Kindern bot ich Pflicht- und Wahlaufgaben, die
sie in dieser Zeit selbständig zu erfüllen hatten. Zu den Pflicht-

aufgaben gehörte das Lesen eines Tafeltextes, das Schreiben eines
Wortes, die Erarbeitung der Ziffer 6 sowie Übungen dazu. Zu den
Wahlaufgaben gehörten Arbeitsblätter und das vorher schon genann-
te Angebot der freien Stunden.

Bis auf zwei Kinder begannen alle mit den Pflichtaufgaben, bei
deren Erfüllung sie natürlich meine Hilfe erhielten. Sie arbeiteten zwar alle in unterschiedlicher Reihenfolge ihre Aufgaben
ab oder gingen zwischendurch auch mal zwei Runden auf dem Sport-
platz rennen oder guckten mal, was andere machten, aber im großen
und ganzen arbeiteten sie sehr konzentriert. Nach zwei Unterrichtsstunden waren sie mit den Pflichtaufgaben fertig und hatten dann
noch Zeit für andere Spiele. Zwei Schüler begannen nicht gleich
mit den Aufgaben. Der Junge suchte sich einige Knobelaufgaben, da
er sich gern damit beschäftigt. Erst nachdem er einige gelöst
hatte, begann er mit dem Lösen der Pflichtaufgaben. Das Mädchen
sah sich überall um, ging auch in die Kuschelecke, aber wollte
nicht mit der eigentlichen Arbeit beginnen. So gelang es mir erst
mit viel Zureden, sie in der dritten Stunde dazu zu bringen, ein
Minimum an Aufgaben zu erfüllen. Ihr machte dann sogar die Arbeit
Spaß.

Nach diesem Tag wurde mir jedoch klar, daß ich mir vorher noch
genauer überlegen muß, was die Kinder wirklich schon allein erarbeiten und üben sollten, damit sie so weit wie möglich selbständig arbeiten können.

Inzwischen ist aus dem Montagsmorgenkreis auch ein täglicher Mor-
gen- und Abschlußkreis geworden. Die Kinder kommen morgens in
den Klassenraum, packen ihre Sachen aus, stellen ihren Stuhl zum
Morgenkreis hin. Nach dem Klingelzeichen begeben sich alle all-
mählich an ihren Platz. Zunächst werden reihum Erlebnisse des
Vortages erzählt. Damit nicht alle durcheinanderreden, bekommt
das Kind, welches spricht, einen kleinen Plüschelefanten in die
Hand. Wenn es fertig ist, gibt es ihn weiter. Weiterhin werden im
Morgenkreis die Ziele des Tages besprochen und entsprechende Symbole an die Tafel geheftet, um später dann erledigte Aufgaben ab-
haken zu können.

An unserer Tür hängt auch ein Kasper mit einem Körbchen, in das
die Kinder kleine Geschichten, Bilder, Briefe o. ä. hineinstecken
können. Darauf wird im Morgenkreis eingegangen. Auch werden neue

Spiele vorgestellt.

Der Abschlußkreis wird in den letzten 10 Minuten meines Unterrichts in der Kuschelecke durchgeführt. Anhand der Symbole wird abgerechnet, was geschafft wurde und was nicht. Manchmal ist auch die Horterzieherin dabei.

Mein erster Eindruck von dieser neuen Art zu unterrichten ist folgender:

Den Kindern fällt der Übergang vom Kindergarten zur Schule leichter. Ihnen gefällt es zu entscheiden, was sie machen. Die Individualität jedes einzelnen kommt mehr zur Geltung. Die Kinder helfen sich von allein untereinander. Ganz deutlich wird auch, daß sie nicht so "kaputt" nach Hause gehen.

Diese Art des Unterrichts gefällt mir persönlich auch viel besser, weil man auf jedes Kind eingehen, auftretende Schwierigkeiten sofort überwinden kann und mit den Kindern einen ganz anderen Kontakt hat. Er ist herzlicher, und der Lehrer ist nicht mehr der "Dompteur" oder "Diktator", wobei das nicht heißen soll, daß die führende Rolle des Lehrers nicht mehr besteht. Sie muß natürlich vorhanden sein, aber auf eine andere Art und Weise.

Zur Durchsetzung all dieser Dinge sind natürlich bestimmte Formen von Disziplin notwendig. So müssen die Kinder u. a. lernen zu flüstern, den anderen aussprechen zu lassen und Rücksicht auf andere zu nehmen.

Wie kommt diese Methode nun bei den Kollegen und Eltern an?
Erst einmal finden es alle vom Grund her gut. Natürlich wird auf Probleme hingewiesen: Bleibt die Lernfreude wirklich erhalten? Wie geht es weiter in der 5., 6. Klasse - fällt es den Kindern dann nicht schwer, sich umzustellen? Sehen die Kinder das nicht

nur als Spielerei? Fällt der Ernst des Lebens unter den Tisch?
Die Kollegen der Unterstufe unserer Schule sind recht aufgeschlos-
sen,und ich gebe meine Erfahrungen gern an sie weiter. Einige
übernehmen sogar schon Elemente in ihren Unterricht.
Die Eltern meiner Klasse sind froh, daß ich diese Methode anwen-
de, und unterstützen mich und meine Horterzieherin sehr durch
Mitgeben von Materialien, Kopieren, Beschaffen von Regalen, einem
Sessel usw. Wer Zeit hat, kommt sogar mit in den Unterricht, sei
es, um nur einmal hereinzuschauen oder auch um mitzuhelfen.
Von der Horterzieherin spüre ich großes Entgegenkommen. Sie ba-
stelt mit den Kindern Spiele, z. B. Tastbuchstaben, Buchstaben-
puzzle, Domino. Das macht natürlich auch den Kindern Spaß.

4. Projektarbeit - eine weitere Möglichkeit, den Unterricht zu öffnen

Die Öffnung des Unterrichts erfordert ein prinzipiell neues Verständnis des Lehrers von der Stellung des Kindes im Lernprozeß und damit auch eine Neubestimmung seiner Arbeit im Unterricht.

Die zeitliche Begrenztheit eines Projektes bietet gute Möglichkeiten für LehrerInnen, ErzieherInnen und Eltern, gemeinsam mit den Kindern eine veränderte pädagogische Arbeit im Unterricht auszuprobieren.

Aus der Sicht der Lehrerin/des Lehrers bietet die Projektmethode vielfältige Ansätze für Veränderungen in den Lehrer-Schüler-Beziehungen. So bietet sie zum Beispiel Räume für das Erleben, Erfahren und Sichselbstbeobachten

- beim Würdigen einer vom Kind selbsterbrachten Leistung,
- beim Zuhörenkönnen bzw. selbstauferlegten Zuhörenmüssen,
- beim Abwarten selbsterrungener Erkenntnisse der Kinder und von ihnen entwickelter Ideen,
- beim Zusprechen von Ermutigung ohne Leistungszwang,
- beim Auffinden der individuellen Kräfte der Kinder in einer durch sie selbstbestimmten Tätigkeit,
- beim Sichzurücknehmenmüssen und natürlich
- bei einer neuen und ungewohnten Art der Verbindung von Schule und Leben.

Aus der Sicht der SchülerInnen ermöglicht die Projektmethode

- das Erleben und Erfahren von selbstbestimmtem problemorientierten Lernen und Handeln,
- den selbständigen Erwerb von Wissen und das selbständige Überprüfen durch Anwenden,
- Selbständigkeit bei der Planung, Durchführung und Beurteilung von Unterricht,
- ergebnisorientiertes Lernen,
- das Einbringen von persönlichen Wünschen, Bedürfnissen und Fähigkeiten,
- das Erleben von Anerkennung für Selbstgewolltes und Erarbeitetes,
- das Erleben der sozialen Wirkung der eigenen Arbeit in der Gruppe und damit der eigenen Bedeutsamkeit als Mitglied der

Gruppe.

In der Literatur werden verschiedene Ablaufmuster der Projektmethode dargestellt. Bringt man diese Varianten auf einen Nenner,
so haben sie alle folgende wesentlichen Gemeinsamkeiten:
1. Die Phase der Motivation und Zielentscheidung
   Die Projektmitglieder verständigen sich über das, was sie tun
   wollen.
2. Die Planungsphase
   Die Mitglieder entwickeln ihr Betätigungsgebiet durch Eingren-
   zen, Vorplanen usw.
3. Die Durchführungsphase
   Die Mitglieder entwickeln entsprechende Tätigkeiten. Die Be-
   tätigungen werden unterbrochen, um über das eigene Tun nach-
   zudenken; es erfolgt ein Gedankenaustausch innerhalb der
   Gruppe.
4. Die Reflexionsphase
   Die Betätigung endet mit einem bewußt gesetzten Abschluß, die
   Ergebnisse des Projekts werden vorgestellt und eingeschätzt.

Diese Vorgehensweise bei der Durchführung eines Projektes läßt
bestimmte Parallelen zu unserer bisherigen Unterrichtstätigkeit
zu. So fanden wir bereits bei SUCHOMLINSKI gute Anhaltspunkte
zum projektorientierten Lernen.
Beim Studium neuerer Literatur zur Öffnung des Unterrichts und
zum projektorientierten Lernen fanden wir einige unserer bisherigen praktischen pädagogischen Tätigkeiten bestätigt, und wir
sehen darin gute Ansätze zur weiteren Arbeit mit Projekten.
Bei der Planung und Durchführung eines Projekts, wie generell
bei der Gestaltung offener Lernphasen, sollten aber folgende Po-
sitionen immer wieder neu durchdacht werden:
- Wie realisiere ich die Führung des Prozesses, ohne das Mitplanen
  und Mittun der Kinder zu sehr einzuschränken bzw. zu gängeln?
- Wie gelingt die Koordinierung der Fächer bzw. das fachübergrei-
  fende Unterrichten, die Zusammenarbeit mit KollegInnen und
  Eltern.
- Wie muß die organisatorische Planung des Unterrichts und des
  Tagesablaufs aussehen?

Viele Impulse und Hinweise erhielten wir durch das "Das Projekt-

buch Grundschule" von HÄNSEL sowie die Tempelhofer Erfahrungen
"(K)eine Schule wie jede andere". In diesen beiden Büchern werden
in den aufgezeigten praktischen Beispielen die umfangreichen
theoretischen Vorüberlegungen der Pädagogen deutlich, die vor
allem darauf zielen, die Schüler zu selbständigem Handeln zu befähigen.
Unser Vorschlag für ein Unterrichtsprojekt entstand aus bisherigen Erfahrungen aus der Arbeit mit ersten Klassen im Unterricht
und im Schulhort und ist ergänzt durch Erkenntnisse aus der neu-
eren Literatur zu diesem Thema.

Projekt - Frühlingsfest in Klasse 1
=====================================

Vorüberlegungen

Die Schüler der Klasse 1 haben wenig oder keine Erfahrungen im
Umgang mit Projekten. Die für eine Projektarbeit notwendigen Tätigkeiten, wie selbständiges Vorplanen, stoffliche Übersicht sowie kommunikative Fähigkeiten müssen sie erst erlernen.
Andererseits können durch die Arbeit mit Projekten die Selbständigkeit, das Mitdenken, der Ideenreichtum und das Schöpfertum
sowie die Fähigkeit, die eigene Arbeit zu planen, bei den Schülern entwickelt werden.
Gegenüber höheren Klassenstufen kommt dem Lehrer der Klasse 1
eine größere Führungsrolle zu; er wird dementsprechend mehr direkte Hilfe geben, Ideen anregen und den Rahmen der Projekte vor-
geben. Spiele, Singen, Musizieren, Basteln und Zeichnen sowie
Anschauungsmittel und reale Objekte der Wirklichkeit werden eine
große Rolle spielen.
Entsprechend den Entwicklungsbedingungen der Schüler erster Klassen - nämlich ihre Ganzheitlichkeit der Weltsicht und Weltaneig-
nung - ist es gerade in dieser Klassenstufe wichtig, daß die Projekte fachübergreifenden Charakter tragen.
Die Arbeit mit Projekten befördert die Herausbildung einer diffe-
renzierten Sicht auf die Realität, das Beobachten, Vergleichen,
Analysieren, Planen und Kooperieren.

Der Rahmen des Projektes "Frühlingsfest" ermöglicht es, daß die
Schüler ihre Kenntnisse über den Frühling einbringen und gemein-
sam öffentlich darstellen können. Sie erfahren dadurch in der
Klassengemeinschaft und in der Öffentlichkeit eine Bestätigung
ihrer Leistungen. So kann das Fest ein Höhepunkt im Lernen der
Schüler werden. Der Text des Rollenspiels "Eine Reise durch den
Frühling", das im Zentrum des Festes stehen soll, ist so angelegt,
daß die Kinder in spielerischer Form und mit viel Phantasie ihre
Kenntnisse und Erfahrungen einbringen und sich selbst Varianten
ausdenken können. Außerdem ermöglicht das Spiel, alle Kinder der
Klasse ihren geistigen und geistig-praktischen Fähigkeiten ent-
sprechend differenziert einzubeziehen und gleichzeitig soziale
Verhaltensweisen zu entwickeln.

Mögliche Lernziele auf der Grundlage des Rahmenplanes

1. Allgemein:

- Das naive, unreflektierte Verhältnis der Schüler zur Natur, zu Tieren und Pflanzen wird durch vermittelte, erarbeitete, erfahrene und erlebte Informationen konkretisiert.
- Der Blick der Schüler wird auf die Schönheiten der Natur gelenkt, und die Liebe zur Natur wird entwickelt.
- Die Erlebnisfähigkeit der Schüler in bezug auf die "erwachende Natur" wird vertieft.
- Die Schüler lernen, sich mit der Natur- und Umweltproblematik aktiv auseinanderzusetzen. Die Natur zu lieben genügt nicht, die Natur erkennen und verstehen lernen, ist Voraussetzung für bewußtes Verhalten in der Natur und der Anfang vom Naturschutz.
- Die Schüler lernen Selbstorganisation und Selbstverwaltung.
- Das soziale Lernen und die Kooperationsfähigkeit werden gefördert.

2. Projektbezogen:

- Informationen werden gesammelt, geordnet und in verschiedenen Formen verarbeitet.
- Beziehungen, wie: Teil - Ganzes, Ursache - Folge sowie Erscheinung und Wesen werden aufgedeckt.
- Gelerntes und Erfahrenes wird dokumentiert, erläutert und für ein Spiel verarbeitet, d. h. künstlerisch umgesetzt; den Vorstellungen und der Phantasie der Kinder wird Raum zur Entfaltung gegeben.
- Ein Fest wird von den Schülern themenbezogen mitgeplant.
- Die Schüler lernen, die Meinung des anderen zu achten.
- Die Vorschläge werden gemeinsam diskutiert und sachlich gewertet.
- In der Gruppenarbeit lernen die Schüler sich besser kennen, sie lernen das Einordnen in eine größere Gruppe.
- Die Schüler lernen, sich gegenseitig zu helfen.
- Sie lernen die Stärken der Gruppenmitglieder kennen und nutzen diese für die zu erfüllende gemeinsame Aufgabe.

3. Fachbezogen:

- Naturbeobachtungen im Frühjahr;
- Veränderungen der Witterung im Frühjahr als Bedingung der Entwicklung der Pflanzen;
- die Bedeutung des Nährstoffspeichers für das Wachstum der Frühblüher;
- Beziehungen zwischen Witterung und Verhalten der Tiere;
- Verhältnis des Menschen zu Pflanzen und Tieren
- Beziehungen zwischen Vogelschutz und Schädlingsbekämpfung;
- Schutz der Frühblüher, um die Nahrung der Bienen zu gewährleisten.

Mögliche didaktische Feldskizze auf der Grundlage des Rahmenplanes
(Diese Skizze kann entsprechend dem Vorhaben und den Zielen gemein-sam mit den Kindern erweitert oder verändert werden.)

Gegenständliche Produkte
- Nistkasten
- Anschauungstafeln und Schüler-hefte über Frühblüher
- Dokumentation über die Kohlmeise
- Anschauungstafeln über Vögel
- Rollenspiel
- Ausgestalteter Raum

Anzubahnende soziale Beziehungen
- gegenseitige Achtung
- Kooperationsfähigkeit
- Gemeinschaftssinn
- gegenseitige Hilfe
- Rücksichtnahme
- Einordnen in die Gruppe

Naturschutz – Kenntnisse
- Frühblüher sind die ersten Nahrungsquellen für Bienen, deshalb Schutz der Wildformen der Frühblüher
- Vögel sind Schädlingsbe-kämpfer, deshalb helfen wir ihnen und schützen sie

Frühling

Witterung im Frühling – Kenntnisse
- Schnee- und Eisschmelze
- Sonnenstrahlung; Licht, Wärme
- Feuchtigkeit des Bodens
- Veränderung der Witterung als Bedingung für die Veränderungen bei Pflanzen und für das Verhalten der Tiere im Frühling

Pflanzen – Kenntnisse
Frühblüher
- Namen
- Farbe der Blüten
- Nahrungsspeicher
- Fundorte
- Nahrung für Bienen
- Schönheit der Frühblüher

Weidenstrauch
- Nahrung für Bienen, deshalb Schutz

Bäume
- Veränderung der Bäume im Frühling-Blüten: Nahrung der Bienen
- Bestäubung durch Bienen: reiche Ernte

Tiere – Kenntnisse
- Vögel (Namen, Nestbau, Rufe, Federkleid; Schädlingsbekämpfer)
- Bienen bestäuben die Obstbäume
- Frösche (quaken, springen und schwimmen im Frühjahr wieder)
- Marienkäfer vertilgen Blattläuse

Vorarbeiten zum Projekt Frühlingsfest

Wir schlagen vor, den Kindern die Kenntnisse fachübergreifend
nahe zu bringen, dabei ihre eigenen Erfahrungen einzubeziehen
und sie emotional anzusprechen.

Zu empfehlen wäre die Koordinierung der Fächer Deutsch/Sachkunde,
Schulgarten, Werken, Kunsterziehung, Musik. Mit den Lehrern der
anderen Fächer sollte das geplante Projekt frühzeitig besprochen
werden und eine gemeinsame Wochenplanung durchgeführt werden.
Manchmal wird es dabei zweckmäßig sein, vom 45-Minuten-Rhythmus
der Stundeneinteilung abzuweichen.

Aus der Fülle von Möglichkeiten der Koordinierung nennen wir nur
einige Beispiele aus den Bereichen:

- Nutzung des Schulgartens zur Anschauung und Tätigkeit der
  Schüler;
- Unterrichtsgänge in die Umgebung zum Auffinden von Frühblühern
  (Gärten, Parkanlagen, Blumengeschäften etc.);
- im Klassenraum Zwiebeln für Frühblüher stecken;
- Filme, Kassetten, Diareihen und die verschiedensten Anschau-
  ungsmittel nutzen;
- Anlegen einer Sammelmappe zum Thema "Frühling" (Bilder aus Ka-
  talogen, Zeitschriften, Arbeitsblättern, eigene Zeichnungen),
  als Gemeinschaftsarbeit oder individuell.

Lesen und Sachkunde/Heimatkunde

Meine Fibel. Volk und Wissen Verlag GmbH, Berlin: S. 75 "Der
Blaustern", S. 76 "Frühlingsliedchen", "Der Frühling ist kommen",
S. 77 "Kurz vor Ostern", "Das Osterei", S. 88 "Warten ist schwer",
S. 89 "Im Frühling unter dem Kirschbaum", S. 94 "Am Teich" , S.
95 "Die Kohlmeise", S. 130 "Ein alter Mann pflanzte kleine Apfel-
bäume"

Den Sachen auf der Spur - Arbeitsheft 1 Nordrhein-Westfalen.
K. Mildenberger, Lehrmittelverlag GmbH, Offenburg 1989

Der Tausendfüßler. Heimat- und Sachunterricht, 1. Schuljahr.
Verlag Ludwig Auer, Donauwörth

Arbeitsblätter Deutsch, Klasse 1. Lernen und üben. Volk und Wissen
Verlag GmbH, Berlin 1990

Bunte Lesewelt. Verlag Ludwig Auer, Donauwörth 1982

Welch ein Singen, Musizieren. Deutscher Verlag für Musik, Leipzig 1990

Musik, Kunsterziehung und Freizeit

Unterstützung des Projektes durch Bilder sowie Lieder und Singspiele zur Thematik. Einbezogen werden könnten der Schulhort und
die Eltern für Spiele, Beobachtungsgänge, Basteln von Kostümen,
Zeichnen, Singspiele, Rätsel, Anfertigen von Dokumentationen etc.

Möglicher Projektverlauf

Projektinitiative

Auf der Grundlage des bisherigen Unterrichts und der durch eigene
Beobachtungen in der Natur gesammelten Erfahrungen der Schüler
regt der Lehrer an, ein Frühlingsfest zu feiern.

Beratung des Projekts

Die Schüler verständigen sich über das, was sie tun wollen. Sie
entwickeln Vorschläge, wie man das Fest gestalten kann, welche
Inhalte zum Fest gehören könnten. Der Lehrer gibt Impulse, macht
auch Vorschläge, regt Ideen an und nennt Beispiele. Vorschläge
werden gesammelt und als Katalog schriftlich festgehalten. Dieser dient den Kindern für die weitere Planung als Übersicht und
zur Kontrolle. Die Vorschläge zum Projekt "Frühlingsfest" könnten
sein:
1. Wir schmücken unseren Raum aus, wir malen Bilder, basteln eine
   Frühlingsunruhe, basteln Girlanden aus Blumen und Vögeln, basteln Tischschmuck.
2. Wir fertigen Schautafeln über Frühblüher an.
3. Wir fertigen Schautafeln über Vögel an.
4. Wir bauen eine Ausstellung der besten Sammelhefte von Schülern
   zu Blumen und Vögeln auf.
5. Wir fertigen ein Buch über die Kohlmeise an und berichten über
   sie in unserem Fest.
6. Wir wollen Lieder singen und Gedichte vortragen, wir wollen
   tanzen.

Die Kinder entwickeln ihr Betätigungsfeld

Sie diskutieren, welche Arbeitsgruppen gebildet werden sollten,
wer welche Aufgaben übernehmen könnte und wer einzeln arbeiten
will.
Der Lehrer berät und zieht den Katalog mit den Vorschlägen zur
Orientierung heran.
Es können folgende Gruppen gebildet werden:
1. Gruppe: Fertigt Raumschmuck für das Frühlingsfest an und
           schmückt den Raum aus

2. Gruppe: Fertigt Schautafeln über Frühblüher an

3. Gruppe: Fertigt Schautafeln über Vögel an

4. Gruppe: Fertigt ein Buch über die Kohlmeise an

5. Gruppe: Will Lieder und Gedichte zum Frühling zusammenstellen
   und vortragen

Gruppenberater

Nach dieser Phase werden in den Gruppen weitere Überlegungen an-
gestellt, ein Plan entwickelt, der die Namen der Gruppenmitglieder, die genauen Vorhaben, Einzelaufträge für Gruppenmitglieder,
Termine usw. enthält.

In Klasse 1 ist es zweckmäßig, jeder Gruppe einen Berater zur
Seite zu stellen. Das könnten der Lehrer, die Horterzieherin,
eine Studentin oder ein Elternteil sein.

Die Gruppe 5 sollte der Klassenlehrer selbst als Berater anleiten.
Die Gruppen können auch in der Freizeit arbeiten.

Beratungsvorschläge für Gruppe 5:

An bereits gelernte Gedichte und Lieder wird erinnert, sie werden gesammelt und zu einem Programm zusammengestellt. Falls notwendig, werden noch weitere Lieder und Gedichte auswendig gelernt
oder zum Vorlesen vorbereitet. Es kann auch mit den Gedichten und
Liedern ein Spiel erarbeitet werden, zum Beispiel eine Reise
durch den Frühling. Dabei können die vielen Kenntnisse, die die
Kinder bereits erworben haben, in das Spiel eingebaut werden.
Gemeinsam mit den Kindern dieser Gruppe wird ein Szenarium für
das Spiel entwickelt, der Lehrer übernimmt die Schreibarbeiten
nach Diktat der Kinder. Er gibt den Rahmen der Geschichte vor,
und die Kinder entwickeln Ideen, welche Tiere auftreten und was
sie sagen sollen, wie die Kostüme und Kulissen aussehen könnten.
Die Kinder können die Kostüme basteln und sich als Tiere und
Pflanzen verkleiden. Das so entstehende Spiel hat den Vorteil,
daß die Kinder ihre Ideen einbringen können, die handelnden Per-
sonen nach ihren Vorstellungen gestalten können und sich dabei
aufeinander abstimmen müssen.

Ein Beispiel für ein solcherart entstandenes Rollenspiel wird
als Anhang vorgestellt.

Zwischenauswertung

Die Schüler denken über das eigene Tun nach, sie reden in den Gruppen über gut Gelungenes und über Schwierigkeiten und suchen nach Lösungen. Die gesamte Klasse trifft sich, und jede Gruppe berichtet über die Ergebnisse ihrer Arbeit; es wird diskutiert, beraten, verworfen, und eventuell werden auch neue Ideen aufgenommen.

Die Schüler vergleichen auch ihre Ergebnisse mit dem Katalog. In unserer Klasse wurden z. B. folgende neue Ideen in den Katalog aufgenommen:

1. Zwei Jungen bauen mit Hilfe eines Erwachsenen (Werklehrer) einen Nistkasten für die Kohlmeise, den sie zum Fest ausstellen werden.
   Nach dem Fest soll der Kasten im Schulgarten angebracht werden.

2. Das Spiel "Die Reise durch den Frühling" wird so erweitert, daß alle Kinder der Klasse teilnehmen können; die neuen Ideen der Kinder aus der gesamten Klasse werden aufgenommen.

3. Vier Kinder sorgen mit Hilfe der Eltern für Getränke und Speisen zum Fest (Früchtebowle, Obstsalat usw. nach einfachen Rezepten).

4. Zum Fest sollen Gäste eingeladen werden (z. B. Eltern und Kinder aus der Nachbarklasse). Einladungskarten werden gestaltet und verteilt.

Die Gruppen arbeiten nach der Zwischenauswertung selbständig weiter. Das Spiel wird mit der ganzen Klasse geübt.

Die Aktivitäten enden mit einem festen Abschluß

a) Alle Gruppen stellen ihre Ergebnisse vor, die Vorbereitung zum Fest wird abgeschlossen.

b) Das Fest selbst ist der Abschluß des Projektes mit seinen geistigen und geistig-praktischen Produkten.

Ergebnisse des Projektes und möglicher Ablauf des Festes

- Die Schüler und Gäste schauen sich den ausgeschmückten Raum und die ausgestellten Arbeitsergebnisse an, dazu werden Frühlingslieder gespielt und gesungen.

- Die Gruppen stellen ihre Ergebnisse vor und sprechen dazu:

das selbstangefertigte Buch über die Kohlmeise, den Nistkasten
und die Dokumentationen über die Frühblüher und Vögel.
- Die Schüler zeigen das Spiel "Eine Reise durch den Frühling"
- Die verantwortliche Gruppe lädt zum "Frühlingsschmaus" ein.

Eine Reise durch den Frühling
(Eine mögliche Spielvariante)

Darsteller: Maus, Kohlmeise, Weidenstrauch, Krokus, Biene, Hummel,
Schneeglöckchen, Blaustern, Amsel, Drossel, Fink,
Star, Specht, Kuckuck, Baum

Kulisse: Aus bemalter Pappe ein Laubhaufen mit Loch, aus dem
ein Kind als Igel herauskriechen kann. Eine Wiese mit
Blumen, ein blühender Baum, Vögel und Bienen

Igel: (kommt aus dem Unterschlupf heraus und schnuppert mit
der spitzen Nase)
Hier riecht es nach frischer Luft, oh, und wie schön
die Sonne wärmt, die Erde ist ganz feucht, und alles
sieht so grün und bunt aus. Wer singt da?

Kohlmeise: (ein Kind als Kohlmeise verkleidet, singt das Lied:
"Der Frühling hat sich eingestellt", der Text wird
geringfügig verändert, statt: "Ein Vöglein hat ihn
aufgeweckt", singt das Kind: "Ich habe ihn nun aufgeweckt...")

Igel: Wer bist denn du?

Kohlmeise: Ich bin die Kohlmeise, siehst du nicht mein schwarzes
Köpfchen, meine schönen weißen Wangen und den leuch-
tend gelben Bauch? Wenn du dir das merkst, kannst du
mich immer wieder erkennen. Kommst du mit, wir wollen
den Frühling suchen, und vielleicht finde ich einen
Platz für mein Nest?

(Igel und Kohlmeise gehen zusammen über die Wiese. An einem Weidenstrauch bleiben sie stehen. Ein Kind spielt den Weidenstrauch
und hat ein Kostüm mit Weidenkätzchen an.)

Igel:	Wer bist du, wie heißt du?
Weiden- strauch:	Ich bin der Weidenstrauch. So golden wie der Sonnenschein wolln auch die Weidenkätzchen sein, weil ja die Biene Summ nur dann die Bienenkinder füttern kann.
Kohlmeise:	Komm, lieber Igel, wir gehen zur Krokuswiese, dort soll es heute Blütenstaub geben.

(Beide gehen zu einer Gruppe Kinder, die sich als Krokusse verkleidet haben und ein Schild tragen mit der Aufschrift: HEUTE FRISCHER BLÜTENSTAUB!)

Igel:	Die Kunde hat sich herumgesprochen, sieh nur, Meise, hier kommt schon ein Bienchen.

(Kind als Biene verkleidet, mit dicken Hosentaschen, kommt angeflogen und summt um die Krokusse herum.)

1. Krokus:	Bitte sehr, Frau Biene, womit kann ich dienen?
1. Biene:	Ich hätte gern Blütenstaub in meine Hosentaschen. Ich muß Honig machen und meine Kinderchen füttern.
1. Krokus:	Bitte, liebe Biene, nimm dir nur reichlich.
2. Biene:	Ist noch Blütenstaub zu haben?
2. Krokus:	Hier ist genug. Es reicht für alle.
3. Biene:	Ist auch für mich noch Blütenstaub übrig?
3. Krokus:	Nimm hier von mir den süßen Nektar.

(Alle Kinder auf der Bühne singen das Lied: "Summ, summ, summ". Die Bienen fliegen davon. Die Krokusse tauschen das Schild aus, die neue Aufschrift lautet: Blütenstaub ausverkauft.)

Biene und Hummel:	(Beide singen das Lied: "Ich bin die Frau Hummel" mit verteilten Rollen.)
1. Biene:	(Kommt wieder mit leeren Taschen und liest die Aufschrift des Schildes.) Ach, ich hätt' gerne noch mehr Blütenstaub gesammelt.

Kohlmeise: Sei doch nicht traurig, liebe Biene, flieg zum Blaustern unter dem Baum, vielleicht triffst du auch noch das Schneeglöckchen oder schon die zarte Anemone und die Narzisse oder den Weidenstrauch am Bach.

1. Biene: Danke liebe Kohlmeise, ich werde mich sputen.

Igel: Kohlmeise, du hast so viele Blumen genannt, zu denen die Biene fliegen soll, mir schwirrt davon noch der Kopf, ich kann sie mir nicht alle merken.

Kohlmeise: Dann werde ich sie dir zeigen.

(Kinder, als Blumen verkleidet, treten nacheinander auf.)

Schneeglöckchen: Noch liegt Schnee am Wiesenrain, da erschein' ich schon im Gras. Ich läute mit meinem Glockenkopf den Frühling ein.

Igel: Dann bist du das Schneeglöckchen. Herzlich willkommen im Frühling! Was ist das dort für ein Blümelein? Das leuchtet wie ein blauer Stern.

Kohlmeise: Das hast du richtig erkannt, das Blümchen ist der Blaustern.

Blaustern: Die Sonne wärmt die Erde schön, da kann ich mich recken und mein Köpfchen aus der Erde strecken. Wo sind meine Freunde?

Igel: Wer sind denn deine Freunde?

Blaustern: Na, alle Blumen, die so früh blühen wie ich, wir alle heißen Frühblüher.

Igel: Wie schafft ihr das bloß, so früh im Jahr schon schöne Blüten zu haben? Es ist doch oft noch kalt, und manchmal schneit es sogar.

Blaustern: (Dreht sich um zu den anderen Blumenkindern.) Wollen wir dem Igel unser Geheimnis verraten?

Alle Blumen: Ja!

Blaustern: Wir haben einen Nährstoffspeicher. Sieh' her (zeigt eine Zwiebel), hier, in dieser Zwiebel, habe ich alle Nahrung, die ich im Frühling brauche, um so schön blühen zu können.

Schneeglöckchen: Auch ich habe Vorrat in einer Zwiebel, deshalb kann ich so zeitig Blüten treiben.

Krokus: Schau her, hier ist mein Nährstoffspeicher, das ist meine Knolle.

Igel: Jetzt verstehe ich, ihr Frühblüher könnt deshalb so früh blühen, weil ihr alle einen Nährstoffspeicher habt, das werde ich mir merken.

Kohlmeise: Nun haben wir so viele Blumen gesehen, aber wo sind denn die Vögel?

Vögel: (Kinder als Vögel verkleidet)

Hier sind wir!

Amsel: Ich bin die Amsel.

Drossel: Und ich bin die Drossel.

Fink: Pink, pink, pink, ich bin der Fink.

Star: Ich wohne im Garten. Mein Haus ist klein. Es hat eine runde Tür, aber kein Fenster. Ich pfeif und schwatz den ganzen Tag, na klar, ich bin der Star.

Specht: Wer klopft den lieben langen Tag im Walde, tack, tack, tack? Ich bin der Specht in meinem bunten Frack.

Kuckuck: Kuckuck, Kuckuck ruft's aus dem Wald. Lasset uns singen, tanzen und springen.

(Alle Darsteller singen das Lied "Alle Vögel sind schon da".)

Kohlmeise: Oh, was sehe ich? Hier ist ein wunderschönes Haus für mich. Das haben sicher meine Freunde, die Kinder, gebaut.

Baum: (Ein Kind, als Baum verkleidet, hält den selbstgebauten Nistkasten.)

Kohlmeise: Was für ein herrlicher Nistkasten, nun kann ich mein
Nest bauen. Auf Wiedersehen, Igel!

Igel: Auf Wiedersehen, Kohlmeise! Danke für die schöne Reise
durch den Frühling!

Literaturangabe und Literaturhinweise

1. Buschbeck, Helene: Ernst, Karin; Rebitzki, Monika (K)
   (K)eine Schule wie jede andere. Vom Tempelhofer Projekt zu
   neuen Lehrformen

2. Frey, Karl: Die Projektmethode. Beltz Grüne Reihe
   Beltz-Verlag, Weinheim und Basel

3. Bonn, P.: Stichwort-Projektunterricht In: päd. extra Lexikon,
   Karteikarte in Heft 12, 1974

4. Pawlik, J.: Kinderbücher als Unterrichtsprojekt. Beltz-Verlag,
   Weinheim und Basel 1990

5. Hänsel, D.: Das Projektbuch Grundschule.
   Beltz Grüne Reihe, Beltz-Verlag, Weinheim und Basel 1980

6. Bunte Lesewelt - Fibel für das 1. Schuljahr. Verlag L. Auer,
   Donauwörth, 1982

7. Den Sachen auf der Spur. Arbeitsheft 1 Nordrhein-Westfalen.
   K. Mildenberger, Lehrmittelverlag GmbH, Offenburg 1989

8. Der Tausendfüßler. Heimat- und Sachunterricht, 1. Schuljahr.
   Verlag L. Auer, Donauwörth

9. Arbeitsblätter Deutsch, Klasse 1. Lernen und üben.
   Volk und Wissen Verlag GmbH, Berlin 1990

10. Meine Fibel. Volk und Wissen Verlag GmbH, Berlin 1990

11. Krokus, Kätzchen und Kastanien. R. Arnold Verlag, Leipzig 1990

12. Welch ein Singen, Musizieren ...
    VEB Deutscher Verlag für Musik, Leipzig 1989

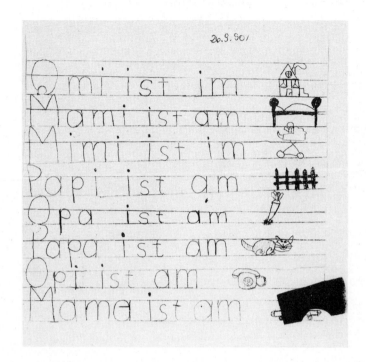

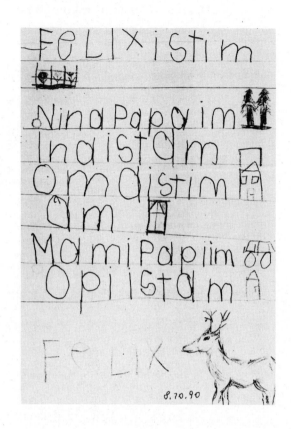

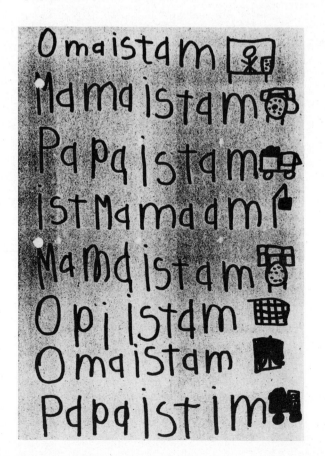

ROMY
ist Papi im ▭▭ im ▭ ist Mimi
▮▮ ist mimi im 🚲 ○○○○○
Mimi ist im 🚼
Oma ist am ▭

♡   ❀   ♡

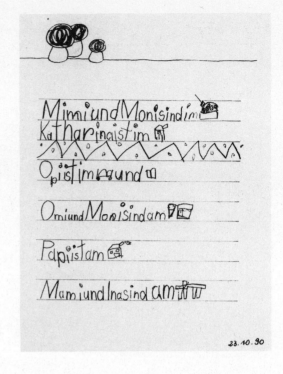

Mimi und Moni sind im ▭
Katharina ist im ▭
Opi ist im ▭ und ▭
Omi und Moni sind am ▭
Papi ist am ▭
Mami und Ina sind am ▭

23.10.90

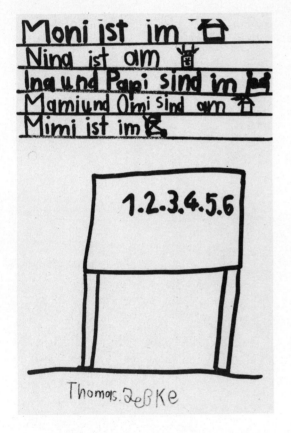

Moni ist im ⌂
Nina ist am ▭
Ina und Papi sind im ▭
Mami und Omi sind am ▭
Mimi ist im ▮

1.2.3.4.5.6

Thomas. ZeBKe

Omi und Opi | Nico und Nina
Ina ist im ▭ | ist Nico am ▭
Nico ist im ▭ | Opa und Omi